发现系列

爱的能力
为什么我们既渴望爱，又害怕走进爱

[德] 弗里茨·里曼（Fritz Riemann）◎著
曾　璇◎译

Die Fähigkeit zu lieben

第13版
13. Auffage

中国人民大学出版社
· 北京 ·

图书在版编目（CIP）数据

爱的能力：为什么我们既渴望爱，又害怕走进爱：第13版 /（德）弗里茨·里曼（Fritz Riemann）著；曾璇译. -- 北京：中国人民大学出版社，2024.2
ISBN 978-7-300-32534-7

Ⅰ. ①爱… Ⅱ. ①弗… ②曾… Ⅲ. ①爱的教育－儿童读物 Ⅳ. ①G40-02

中国国家版本馆CIP数据核字(2024)第008305号

爱的能力：为什么我们既渴望爱，又害怕走进爱（第13版）
[德] 弗里茨·里曼（Fritz Riemann） 著
曾璇 译
AI DE NENGLI：WEISHENME WOMEN JI KEWANG AI，YOU HAIPA ZOUJIN AI（DI 13 B

出版发行	中国人民大学出版社		
社　　址	北京中关村大街31号	邮政编码	100080
电　　话	010-62511242（总编室）		010-62511770（质管部）
	010-82501766（邮购部）		010-62514148（门市部）
	010-62515195（发行公司）		010-62515275（盗版举报）
网　　址	http://www.crup.com.cn		
经　　销	新华书店		
印　　刷	北京联兴盛业印刷股份有限公司		
开　　本	787 mm×1092 mm 1/32	版　次	2024年2月第1版
印　　张	7 插页2	印　次	2025年3月第2次印刷
字　　数	80 000	定　价	69.80元

版权所有　　侵权必究　　印装差错　　负责调换

第一版推荐序

我们于 1981 年出版了在弗里茨·里曼文化遗产的第一部分——《优雅变老的艺术》(*Die Kunst des Alterns*)一书。在此书的后记中，我们宣布了将出版《爱的基本形式》(*Grundformen der Liebe*)，并作为《直面内心的恐惧》(*Grundformen der Angst*)一书的补充。然而，在仔细审校其中一些未完成或未修订的章节后，我们认为此书用《爱的能力》这个更具普遍性的书名会更符合读者的期望。

与《优雅变老的艺术》类似，这本书并不是抽象的学术性著述，而更多的是对爱的能力的不同发展层面及其结果进行通俗易懂的观察研究。对我们而言，这也是这本书的价值所在。它能解决每个人作为母亲、父亲、伴侣的个人问题，也涉及对我们自己孩童时代生活经历的回顾。所以我们可以想象，特别是在我们这个时代——一个恐惧横行、越来越充满攻击性的时代，那些独自或是与伴侣一起阅读这本书的人，将会被它感动并得到实际的帮助。这本书深入地反思了被我们笼统地称为"爱"的东西，提醒我们人类拥有一种特定的能力，我们所有人需要比以往任何时候都更有意识地培养这种能力。我们常常要求伴侣这样做，而不问我们自己是否已经充分发展了自己爱的能力并已经摆脱了孩子般的爱。在我们看来，里曼人生观的特点是，在

第一版推荐序

爱情中，我们始终既是主体又是客体，既是给予者也是接受者。一方面，他的这个观点烘托出现今我们认为的一种被单方面个人主义所误解的"自我实现"的倾向，在这种倾向的伴随之下，身边的环境和人只能作为对象被体验、被经历，也被滥用。正是为了真正的自我实现，里曼认为伴侣关系是必要的，而从伴侣的角度来说，更多的是价值平等，而不仅仅是权利平等——伴侣本身可以而且也被允许成为主体。另一方面，里曼也认为，在过去的年代中，这种从一而终的纽带关系所形成的绝对化的规范要求通常有可能是一个生活的谎言，是爱情和成熟的伴侣关系的最大危险之一。

在"母爱"[①]和"性与爱"这两章中，里曼的理

---

① 在本版中，这一章节的标题改为"父母的爱"。

论基础是经典的精神分析学的客体关系理论和力比多理论，包括由此衍生的对性反常行为的解析。儿童发展阶段理论是"爱与依恋""索取型的爱"和"完整的爱"等章节的理论基础。在本书中，我们看到了一些爱的基本形式，里曼原本还会阐释爱的其他表现形式（比如，父爱、青春期爱的特殊形式、慈善的爱或老年人之爱），以便给包罗万象的爱提供令人满意的解释[①]。

我们在《优雅变老的艺术》的后记中对弗里茨·里曼和他本人的个性进行了更进一步的评价。我们不想在此赘述，但我们相信，各位读者能通过《爱的能力》所呈现的思想了解作者的一些个性。

---

① 但里曼于1979年去世，这些内容未能完成。——译者注

第一版推荐序

对读者而言，重要的是他们能通过阅读本书加深和丰富自我理解的能力，更深刻地认识伴侣关系。

我们深信，这两者是相互制约的。只有那些不闭目塞听，能认识到自己人性的优势和弱点，也能在不断的努力中肯定自己的人，才能给予伴侣同样的宽容和帮助，帮助他们克服所有过于幼稚的爱情期望和条件的束缚。我们的社会受到如此多的自身原因造成的危险的威胁，为了生存，我们迫切需要这样做，但我们不能仅仅对此提出要求或发出控诉，我们必须从自己做起。

多丽丝·扎格曼（Doris Zagermann）
西格弗里德·艾尔哈德（Siegfried Elhardt）
1982 年 2 月

推荐序

里尔克（Rilke）在他早期的一首诗歌中感叹道："爱是学不来的。"作为一名伴侣治疗师，我几乎每天都在见证这句话。当两个人在一起时会发生什么呢？影响人们选择伴侣的决定因素是什么？伴侣之间产生问题的原因究竟是什么？绝大多数夫妻认为自己无法回答这些或者类似的问题。我希望他们能拥有这本小书，并希望本书能起到抛砖引玉的作用。

此书的作者里曼是一位经验丰富的治疗师，数十年来，他与各个年龄段的人打交道。本书语言简明扼要，几乎没有难懂的专业术语。即使无法避免使用一些专业术语，作者也会用简单易懂的语言加以解释。他用温暖的语调娓娓道来，不会给人理论上的距离感，而是充满了情感和温度，使读者被爱情的高潮和低谷深深吸引，并对恋人们遇到的悖缪与矛盾进行深刻的解析。虽然仅凭一本读物不能解决所有问题，但此书也绝不是一本无足轻重的"爱情教科书"。里曼再三强调，爱是一种行为，促使人们做出决定和采取行动。通过里曼的解读，爱情的方方面面会被照亮，人们在阅读此书、反思自己爱情经验的同时，也会不断地获得新的启发。

通过作者的解析，我深刻体会到，他是如何不

推荐序

断地找到不同成长时期的孩子在家庭中获得的各种爱的体验与成长之爱中的可能和不可能、机遇和危险之间的关联的。

作者绝非仅仅关注这个研究领域的空白之处，而是主要关注成长之爱的多种不同表达方式。比如，为什么爱要有约束力？性一开始就是爱的一个因素，但它并不是爱的一切。父女之间和母子之间的纽带关系会对孩子的成长之爱产生什么影响，甚至决定其对伴侣的选择？爱又如何促进人的成熟？就这些以及其他更多相关问题，作者将在本书中给读者做出清晰的、有说服力的解答。

读过里曼的畅销书和长销书《直面内心的恐惧》的人，一定很高兴能读到这本书的最后一章

"恐惧——爱的障碍",这里的恐惧和爱有关。通过阅读本书,人们也会明白为什么里曼如此出色:他并非一味坚持以研究空白为导向,而是用传统的深度心理诊断类别作为理论基础来理解我们人类的身心状态,并重新予以阐释。这也是里曼这本关于爱情的书的特点。他的理论与以资源为取向的系统夫妻治疗和家庭治疗理论非常接近。

我认为,这本书非常适合夫妻之间互相朗读。通过这种方式能够丰富婚姻生活,并加深夫妻之间的感情。

汉斯·耶鲁舍克(Hans Jellouschek)

德国　阿默布赫

2006 年 11 月

Die Fähigkeit zu lieben

目录

第 1 章　爱的本质　　　　　　　　　　　　　1

爱的能力的特点是，它以各种形式带领着我们离开自己，走出自己。它与某种渴望有关，让我们去爱我们自身之外的某人或者某物。因此，所有形式的爱的共同点显然是一种最终从渴望中产生的对界线的逾越，克服你我之间的障碍。

第 2 章　父母的爱　　　　　　　　　　　　　31

除了必须的社会和物质条件之外，母爱是孩子健康成长最重要的保证。母子关系通常是我们生命中的第一种伙伴关系，这种关系中的很多因素也对我们后来人生亲密关系中的幸福和不幸产生重要影响。

第 3 章　性与爱　　　　　　　　　　　　　　　61

欲望与爱是一体的,当我们说带着欲望与爱做某件事情时,就是说全身心、全力以赴地去投入。在我们有能力做到这一点的地方,我们都会获得最丰富的感受,体验到最深的幸福。

第 4 章　爱与依恋——无条件的爱　　　　　89

母亲和孩子之间建立起一种紧密的情感联系,产生给与得的交换,这远远超越了单纯的需求满足,从而形成了与一个人的第一段情感联系,这是一种让双方都感到快乐的情感联系。

第 5 章　索取型的爱　　　　　　　　　　　111

依赖性产生的危险是,由于害怕失去伴侣而想把他与自己紧紧捆绑在一起。但人们无法强迫任何人去爱;相反,爱逃避的就是强求。所以,人们要用新的方法来克服对失去的恐惧。

第 6 章　完整的爱　　　　　　　　　　　　127

在儿童或是青春期这两个发展阶段,孩子作为有性别特征的人,为自己找到一个健康的关系定位是如此地重要。人不仅仅需要被爱,还要自己能主动去爱。对于年轻人来说,重要的是既能够感受到父母的可爱之处，又能够感受到自己的爱对父母的意义。

第7章　伴侣的选择　　　　　　　　　　145

我们往往忽略了，其实在我们选择之初就有了一些设定，而这些设定对我们关系的进一步发展已然产生了影响。有些决定的动机往往是命中注定的，无论我们是有意识还是无意识地做出决定。

第8章　没有约束的爱　　　　　　　　　165

自由、无拘束的爱没有任何负担，因此可以说它是最纯粹的爱，因为它想要的只有爱。然而，它也有它的问题，这样的爱与利己主义仅一线之隔，因为利己主义的人不想承担义务。

第9章　恐惧——爱的障碍　　　　　　177

恐惧是我们生活中不可避免的组成部分。但恐惧不仅仅是消极的，它对我们来说有双重功能：一方面，它是一个信号，是对危险的警告；另一方面，它又包含激发作用，即克服恐惧的动力。

Die Fähigkeit zu lieben

第 1 章

爱的本质

第1章 爱的本质

作为一种天赋，爱的能力可能就是生命最大的奇迹。秉性自私、贪权、贪财、贪功的人类，充满危险欲望、狂热、激动情绪以及侵略欲望的人类，却能拥有爱的能力，这难道不是一个奇迹吗？这种爱的能力是指人们有能力爱自己之外的人或事物，甚至爱人如己。正是这种爱的能力让我们成为人。没有这种爱的能力，人类也许早就不存在了，因为人类早就自我毁灭了。

爱的能力
Die Fähigkeit zu lieben

爱的本质彰显在无限多样的形态中。爱之所以成为爱,简单地说是因为一种愿望,即对他人行善。爱是一种行为、一种活动,而不是一种状态。我们在动物那不用"爱"这个字,而只用"本能"一词,例如动物有交配的本能,有哺育和抚养幼崽的本能。我们只为人类保留"爱"这个字显然是要表明,爱在人的身上不仅仅是单纯的本能,也不仅仅是性冲动和为了繁衍后代,还包括一些人性中存在的东西。这种东西在概念和理性上很难把握。也正因为如此,我们如今想方设法地尝试对爱进行解释,对爱下定义,但我们的这些努力都失败了。

谈论爱情和书写爱情应该留给恋人们和诗人们去做,即那些被爱情感动的人。如果用科学来强行

第1章 爱的本质

插手这件事，那么爱除了是本能、反射和看似可行可学的行为方式外，也就所剩不多了。虽然生物数据、测量和测试出的生理和心理反应都属于爱的现象，但我们无法通过这些来感受什么是爱。这些可以测试的数据和反应无法让我们更接近爱的本质，因为爱来自我们的整体性，来自我们完整的人格。我们既不能从局部科学的视角来解释它，也无法通过任何一种技术来学习它。正如仅凭娴熟的技术并不能成就一位艺术家一样，仅凭熟练的性技巧也无法让人们相爱。面对一位伴侣，程序化的爱抚和可以学会的行为方式仿佛无法唤起存在于我们本质之中的爱恋。如果爱能如此简单地被做到和学会，那我们应该早就学会了。当然，所有诸如此类的方法也有它们的意义，它们能帮助我们准备好让爱情成长的土壤。但如果说这些方法能教人们学会爱，那也是一种误导了。正如宗教信仰并不取决于祈祷的次数、履行的礼仪、进教堂或寺庙的次数，而是与我们的整体人格有关，与我们的整个生活方式和生活态度有关。爱情也是如此，它是我们整体人格的表达，取决于我们整体人格的维度、成熟度和深度，而不取决于性行为的频率或恋爱的次数。

不过，人们在如何理解爱这方面，显然有着各种不同的看法。有的人认为，爱就是极高的感官愉悦；有的人认为，爱能极大提升自身的体验能力；有的人在爱情中看到自己生活的意义；有的人认为，爱是两个人之间相互关系的高度完美化，是两人关系进入永恒的升华；还有的人认为，爱是一种幻觉，甚至认为爱就是一种病。

第1章 爱的本质

所有爱的禀赋首先来源于我们爱的能力。我们可以对爱的能力做出种种陈述。爱可以用于各种不同的对象,不受性别限制。爱也不受年龄限制,因为人们在不同年龄阶段都会遇到爱。它也不会总是以同一种形式呈现,比如与男女之爱相比,母爱则是另外一种形式的爱。此外,我们还知道性爱、柏拉图式的爱情、慈爱和普遍的人类之爱。而且我们爱的能力甚至不仅局限于人。我们也可以爱大自然,爱动物,爱艺术,爱我们的职业,甚至爱某种抽象的东西或是一种理念,比如我们爱祖国,爱真理,爱正义,还有命运之爱,等等。

不管怎样,当我们谈到爱的时候,必须要明白,爱指的是什么,与什么无关,爱的对象是谁。显然,我们必须拥有爱的能力和做好爱的准备,确认能找到所爱的人和物。这种爱的能力的特点是，它以各种形式带领着我们离开自己，走出自己。它与某种渴望有关，让我们去爱我们自身之外的某人或者某物。因此，所有形式的爱的共同点显然就是某种程度上的自我放弃，是一种最终从渴望中产生的对界线的逾越，克服你我之间的障碍或我们与某物之间的障碍，或至少暂时消除这种障碍。

或许我们已经能够理解爱的意愿最深层次的根源：那就是一种渴望——为了处在我们身外、被我们给予爱的关注的某物而超越和洞穿自我主义和自我中心的界线。这种爱的关注的最初意义极其纯朴，那就是对受到关注的人好，这大概就是所有的爱最普遍有效的形式。

第1章 爱的本质

但人生的各个阶段总是矛盾的,我们的整个人生处在两极之间,处于互补的冲动之间。准备好去爱,而爱的对象不是我们自身而是其他,这往往和我们保护自己的本能背道而驰,正如一句古话所说,"人不为己,天诛地灭"。我们的人生就发生在这两种自然力之间:就广义的做好准备去爱这一方面而言,我们有沟通交际的需求,有我和非我之间奉献与交换的需求,有跨越那条让我们忘记自我的界线的需求;而在自我保护的本能这一方面,我们又有自我保留和划分界限的需求,有自主和人格独立的需求,最终还有自我实现的需求。自我保护和自我奉献也许是我们人生中最深刻的两种追求,它们与生俱来,因而也是无法被改变的。它们相互补充,互为条件,正是这种相互补充使我们首先具有生存的能力,如同我们在呼吸时感受到的那样:呼气与吸气有节奏的交替是我们生存最基本的条件。没有这个条件，我们就不可能活着。也许还可以打个比方来说明我们整个生命都处在这种有节奏的交替之下——就像我们在心脏的收缩与舒张之中、在所有的物质交换过程中都可以找到这种节奏的交替。

在这种吸与呼的过程中，我们仿佛能看到自我保护和自我奉献的原始形式，此外还有一个在一般情况下我们没能看到的特殊面。奥斯卡·阿德勒（Oskar Adler）对其做了比喻性的描述：当我们吸气时，宇宙仿佛在向我们吐气；当我们呼气时，宇宙仿佛要将我们吸入。当我们更深入地感受这种相互交替的过程时，我们必然从中得出这样的结论：在所有的生命过程中，我们既是主体，也是客体。

第1章 爱的本质

这个比喻说明了所有生命过程的复杂性。对于这种实施与承受、给予与接受之间的持久交换，我们在爱里也经常能遇到。因为在爱里，我们始终既是主体，又是客体。精神分析中常见的片面地谈论"爱的客体"这一方式并不包括这种复杂性，并且引发了我们仅仅是行为实施者的幻觉。这种自我欺骗在其他生活领域中同样是致命的，而我们今天体验到的后果已经足够苦涩。因为我们片面地将世界看成一个客体，看成一个我们可以任意剥削的对象。现在我们的所作所为导致的后果就像一个朝我们飞回来的回旋镖，把我们自己变成了目标客体。

精神分析习惯将各自的爱侣称为"性客体"，这一出自男性的发明是一种粗暴的简化。如果我们将伴侣看成爱或性的"客体"，那么我们就把对方变成了一个单纯的接受者，被动地承受在其身上发生的一切。可在生活中怎么会存在这样的人际交往，更何况是在爱情中？

每个行为都不可避免地会产生相应的反应，当我们只将自己看成行为实施主体时，"客体"的反应也将我们变成对方的客体。也许这就是爱情本来的意义。当我们心怀爱意地关注一位伴侣的时候，我们也能感受到对方的反应，对方同样也给予了我们爱的关注，也许这就是爱本来的意义。因此，爱肯定不是将另一个人变成自己的客体，而是将另一个人当成一个有自己特征的主体来看待和爱，理解并支持对方。一位把自己的孩子当作爱的客体的母亲，不承认孩子的主体的存在，因此也就不是真的爱孩子。她想要保持自己的主体性，但又无法避免地将自己变成了客体：要么孩子会在某个时候离开她，她会认为孩子的行为是忘恩负义的，并随之成了孩子这种行为的客体；要么她会陷入对孩子的依赖，因为她无法给孩子自由，让其独立成长，并因此成为自己权力和占有欲的客体，或是成为害怕失去孩子的恐惧的客体。

我们自我保护的欲望也许是我们最深层次的本能，它与生俱来，不学便会。和所有其他超越本能行为的能力一样，我们爱的能力必须要在某些条件下被触及、被唤醒，才能够发挥出来。因此，我们爱的能力有开始和发展的过程，这是一个随着我们诞生而开始的发展过程。我们现在要谈的就是爱的能力发展的过程。如同一切新发展的事物一样，爱的能力在开始时也特别脆弱并容易受干扰，是需要细心呵护和予以警惕的。每一种爱刚开始时的脆弱性在以后的生活中都仍然存在。不过之后，我们有选择和决定爱的可能。与此相反，在我们爱的能力发展的最初阶段，我们命中注定身处一个被安排和无法选择的环境中，并依赖于它，比如依赖我们身处的社会环境，我们的父母、兄弟姐妹，尤其是我们的母亲——不论是在好的方面还是在坏的方面，她在我们成长的早期对我们命运的影响最为持久。同时，一切想要自我发展的东西在刚开始的阶段都特别具有可塑性，因此也特别具有可持续性。这就是所有的第一印象和第一次经历都具有如此重大的意义，并对后期发展起开拓作用的原因。因此，所有的开端都具有决定命运的特别意义。

在我们爱的能力发展的初期，通常都有母亲的身影。从她那里感受到的爱唤醒了我们准备去爱的幼芽。因此,母亲在我们成长早期有着我们无法想象的举足轻重的意义。直到20世纪初,绝大多数人还认为"美味生爱情",也就是说爱仅仅是通过满足物质需求而产生的。现如今,我们已经知道,物质需求的满足虽然是养活一个孩子的必要条件,但它还远不足以唤醒我们爱的能力,甚至远不足以维持我们的生存。今天我们知道,在我们成长早期,可靠的关爱是一个孩子精神和身体健康发展最基本的必要条件之一。仅提供物质上的满足,而没有他人的关注和联系,会使孩子发育迟缓,造成无法弥补的伤害,或者至少会使其发展迟滞,造成难以挽回的发展差距。

这样看来,即使在做好准备去爱的最初阶段,我们所感受的爱也远比物质需求得到满足、有足够的食物和身体上得到照顾更重要。对此必须加以补充的是，爱是第一位的，这一点同样将影响我们往后生活中整个爱的形成。

我们的肉体有自己的物质需求，没有了物质基础，我们就不可能活下去，但我们不能只认识到物质是生存的基础，还应该认识到，只有在接受和给予中的爱才能让我们的人性有充分发展的可能，也正是这一点赋予了爱无与伦比的意义。

让我们试着来把这种意义说得更清楚一些：与其他生物相比，儿童对其早期环境的依赖时间更长、更彻底。这种长期的依赖不仅仅是一个生物学上的事实，我们还在其中寻找生命的意义。这种意义就是我们通过长期的彻底依赖和对他人爱的关怀的依赖，才有机会让我们的性格特征得到发展。也正是这种性格特征使我们具有了人性，准备好去爱、去信任他人，充满希望，懂得感恩。同时，这些性格特征让我们能感受存在于世的快乐和对生活的热爱。这种长期的依赖过程也表明，那些性格特征和超越先天本能行为的其他所有能力一样，也需要时间去发展。人的依赖阶段是一个漫长的过程，这个过程使人获得自身发展必不可少的时间。当然我们也将看到，这种发展还必须具备其他条件。即使在未来的生活中，其他方面的爱也是如此：爱的发展需要时间，如果我们不花时间，就无法迈出爱的初步阶段。

大自然有它的智慧，它让幼儿很容易被爱。幼儿的无助唤醒了我们本能的关怀与温柔，他们对我们的充分依赖恳求我们以宽容大度的态度对待他们。生命的奇迹唤起了我们心中的期待、希望和愿望，唤起了我们保护这个生命和让其成长的想法或者意识，赋予了我们责任和担当，使我们感到自豪和幸福。

正是孩子对母亲的这种漫长而无助的依赖给我们创造了发展人类基本性格特征的可能性。其前提条件是，她是一个温柔敏锐的母亲，并且投入足够多的时间在孩子身上。今天的法律一般规定女性产后可休产假。与早期的观念相比，人们至少认识到，母亲在孩子出生后的头几周或头几个月对其成长发育是何等重要。母亲也需要在这段时间里学习给予孩子她所有的爱。作为新手母亲，她需要时间去理解和爱孩子,这样才能在早期阶段培养与孩子之间的亲密关系,为其成长创造最佳条件。我们不可能对母爱做出规定,但我们可以从社会福利方面做许多事,为母爱创造条件,给母亲们减轻负担。考虑到儿童早期阶段对其后期成长的重要性,如果我们力所能及地为父母和孩子创造最有利的必要条件,就能避免或者至少能够减轻许多人为的和社会所造成的痛苦。

至少孩子在小时候能感受到与母亲之间的亲密联系。从感情细腻的母亲的眼中体会到自己无条件地被爱着,是贯穿我们一生的渴望,我们也希望能在每一次的爱中再次找到这种感觉。当然,我们也希望能从伴侣那里得到同样的安全感,同时用我们的爱让对方感到快乐,就像从前我们的爱使母亲快乐一样。在这种给予和接受的过程中，我们与他人之间爱的交往开始萌芽。如果我们能体会到的话，绝对的安全感给我们提供的是一种生存的基本感受，那就是存在即快乐。我们无须做什么，所有的愿望和需求就能得到实现和满足。因为对它的渴望，我们有了在死后回到天堂的念想，回到同样永恒的安全和幸福中，这也是我们人类本性的需求。

在所有形式的爱中，当我们作为共同体，能够实现自我超越时，我们就可以得出这个结论：爱始终是与某种自我牺牲联系在一起的。我们准备好去关注另一个人、理解并设身处地替对方着想的前提就是，我们要在我们的内心给对方空间，向对方开放。忘我的精神同样属于爱，那种不考虑自己的自

第1章 爱的本质

我牺牲，也就是我们所说的奉献精神。无论我们是在寻找补充，希望在一个"你"身上找到我们正在寻找的"完整性"，还是我们想在两个不同世界的交流过程中，或是在与一位伴侣或一个共同体的从属感中，把自己从寂寞和孤独的恐惧中解脱出来；无论我们是想去爱别人，还是被爱——我们总是在寻找除自己之外的某人或某物，深藏其后的大概就是这种找到自我的渴望。没有一位广义上的伙伴存在，这种找到自我的渴求就不能实现。因为没有了交流，自性化的过程也就无法实现。而我们越是能忘掉私我，就越能实现寻找自我的探索。

我们渴望所有美好的事物和使我们快乐的一切能永远继续下去。我们渴望所爱的一切永不改变，一直保持我们最初所体验它时的纯洁和强度。我们想要紧紧抓住赫尔曼·黑塞（Hermann Hesse）在他的一首诗中所说的"开始的魔力"，并且希望它能持久地存在下去——但这种持久性既不存在于爱情中，也不存在于其他任何事物当中。只要我们相信，有的东西是不会改变的，就仿佛能够摆脱时间一样；只要我们仍然想要在变化、发展面前，保持什么东西不被改变，那么这些东西就越是会从我们手中溜走，因为发展总是意味着改变。发展保证的正是持久性，这看似矛盾，其实不然。在爱情开始时出现的陶醉与快乐，震惊与感动，激情与生活情感的升华，都无法保持一成不变，除非让时间停滞下来，并且不论是内在还是外在，你我都不能改变自己。所以，爱的本身必须能够改变，就像所有生命都会经历时间流逝一样，爱也必须要经历时间流逝才能持续下去。只有这样，爱才能持久，停滞不变的东西是无法持续下去的。

希腊恩底弥翁的传说对这种永恒不变的愿望做了令人印象深刻的描述：女神塞勒涅吻了沉睡中年轻的牧羊人恩底弥翁的额头，女神的吻让年轻的牧羊人感到无比幸福，于是他请求众神之父宙斯让他长生不死，永远年轻和长眠。宙斯满足了他的请求。我们所有人的身上都或多或少有恩底弥翁的影子，但这个传说也告诉我们，要实现这种永恒会付出什么样的代价：我们必须长生不死，永葆青春，自我限制，只接受自己，同时，我们也将不被允许回到自我意识中。

这样看来，时间和自我意识似乎是爱的大敌。时间永远不会静止，它改变和改造我们，让我们变老，越来越没有吸引力。我们的自我意识让我们从梦幻朦胧中醒来，再次回到现实的意识使我们体验到我和你是独立的，从而知道世界上没有什么是永恒的。因此，很多人不断反复地寻找开始时的那种魔力，以便能够保持永恒的幻觉，但这样一来，他们认识和理解的始终只是爱的开始。因为爱不只是在刚开始时有其魔力，它还会慢慢发展，会为了我们的所爱而深化，并拥有越来越大的渗透力。爱能变得成熟，在这种变化的可能性中，永恒有一种新的、不同的形态。其中，时间不再是敌人，而正是时间让爱的发展成为可能。那些始终只在新的开始中寻找快乐的人，永远无法了解什么是随着时间日益成长、深化、成熟的爱。时间像一把双刃剑，它既代表短暂，又能让永恒成为可能。

这与自我意识相似，如果我们想要永久地忘记自我，那么我们之间就不会有任何发展的可能性，就会出现关系的停滞。放弃自我意识，我们能得到的只能是某些瞬间。只有重拾自我，你我之间才能产生有益的张力，丰富双方的内心。

但这种对永恒不变的渴望，只是危害爱的一个方面。时间不会静止，爱也不会永不改变。除了对永恒不变的渴望，我们也有追求变化的愿望，对新事物、对改变的渴望。当对方不再符合我们最初爱的本质时，如果我们越不承认伴侣关系的变化和发展的可能性，越不想认可对方的发展变化并且不想收回我们给予他的爱，我们求新求变的愿望就越会变得强烈。我们之间爱的关系越是千篇一律，习惯、麻木和枯燥乏味就越会将爱扼杀。于是，尽管人们在一起相处，却都自顾自，而不是共同生活、为对方生活。人们之间变得"无话可说"，隐隐约约的郁虑、怨恨、猜疑、漠不关心和冷酷无情都会公开表现出来。于是，人们开始寻求新的体验、刺激和变化，直到这些又成为习惯，因为仅仅是关系的改变无法让人们获得所寻找的满足。

没有什么可以保证我们的爱在面对一个我们所爱的人时能永远保持不变。随着时间的推移，我们自己在改变，别人也是如此。当爱越和对方的外貌或和某些理想的恋爱条件联系在一起时，我们的爱就越难保持。所有的发展变化都会给我们爱的能力带来压力，变化成了要求，要求新的、不一样的爱，或导致我们不再爱了。人们总浪漫地想象会有矢志不渝、不受任何伤害的爱，但这种爱不仅不符

第1章 爱的本质

合生活的现实，还会萌生失望。爱作为一种现象已经足够伟大，我们无须再将它浪漫地理想化。

所以任何一种爱都有改变的需求，就如同我们不可能始终像对待幼儿那样不计条件、全心全意地去爱长大的孩子一样。我们爱孩子的能力也必须随着孩子的成长继续发展和成熟。子女对父母的爱也需要从爱的回声般的回应和不言而喻的爱的期待中成熟地转变，为自己准备好去爱的能力，并且能够经受住拒绝的打击和失望。任何一种爱想要保持活力，都需要变化和成熟。

对我们来说，这显然成了一种苛求，使爱变得如此艰难：我们对另一个人的爱不会保持不变。不仅如此，我们也不再是从前的我们。因此，爱那些自身不会发生改变的东西则要容易得多，比如爱回忆、爱过去、爱一位逝者或一种思想。所以，我们也就更容易醉心于爱情本身而胜过爱对方，因为这样，我们爱的意愿只取决于我们自己，即使是不幸的爱也很少因为时间和另一方的变化而让我们受到伤害。它更多地取决于我们自己，也只能随着我们的终止而停止。因此，爱一个容易被类似事物取代的东西会更容易。而且如果我们爱得越不深、越不独特，那么我们所爱的某个东西或某个人也就越容易被另一个与之相似的物或人所替代。我们需要的是具有活力的爱，爱的这种一直在发展和变化的活力正是爱的伟大之处。但爱也有危害，人们常常在两种愿望间摇摆不定：一种愿望是对我们所爱的对象爱得更深，全身心投入我们的爱；另一种愿望则相反，我们又希望能不断体验去爱新的人，感受不同形式的爱。如果习以为常和麻木不仁是危害爱的一种形式，那么危害爱的另一种形式则是浅薄和朝秦暮楚。

Die Fähigkeit zu lieben

第 2 章

父母的爱

第 2 章 父母的爱

在依恋理论发展初期,研究主要关注的是母亲与孩子之间的关系。如今,人们发现,父亲或其他依恋对象同样会对孩子产生重要的影响。下文中所提到的母亲和母爱为泛指,它同样也可以指父亲和父爱,或其他依恋对象和他们的爱。

我们已经看到,人类生活的本质是矛盾的,并始终处在两极互补的原动力之间,处在这种富有活力的张力中。在这种关联中,我前面谈到了我们生命中两个最基本的动力：自我保护和自我奉献。它们是两极的、互补的力量，同时也就意味着没有一种力量可以独立，或被取消和高估。因此，它们之间富有活力的平衡也就不该被质疑，这种平衡是一切健康发展的基础。

这一点，我们可以从儿童成长的过程清楚地看到。从出生开始，孩子就处在这种自我保护和自我奉献的矛盾张力之中，我们也可以将其称为自我肯定和适应——一种充满冲突的对立性伴随着我们的一生。孩子从早期对母亲的完全依赖中长大，也开始越来越多地发展出自己的节奏和意志，有自己的需求，并因此陷入和周遭环境的冲突之中。他要么选择做出必要的适应或牺牲，要么继续坚持自己的需求。在一种健康正常的成长过程中，适应和自我需求会相互平衡，从而避免对成长过程产生严重的损害和干扰。除了必须的社会和物质条件之外，母爱是孩子健康成长最重要的保证。

然而，恰恰从母爱中我们认识到，在所有的爱中，机遇与危险是多么紧密难分。我们在母爱中既能看到爱里所有的幸福，也能看到所有与之相关的危害：比如，母爱能赋予孩子独特可爱的情感，成就孩子能够去爱、想要去爱的令人振奋的力量；母爱也会想要将所爱的对象据为己有，把所爱的人与自己捆绑在一起，不仅仅期待对方爱的回报，而且要求得到对方的爱，不愿意放手让对方迈出自己成长的脚步。

母子关系通常是我们生命中的第一种伙伴关

系。这种关系中的很多因素对我们在之后的人生亲密关系中的幸福和不幸产生重要影响。寻求所爱之人的爱和亲近，努力建立紧密的联系，这都属于爱。在这点上，我们能够看到所有情感纽带中的幸福与不幸。这种爱的幸福既让孩子体验到自己的天性被无条件地肯定，又让孩子感受到自己也应该有所付出，自己的存在和爱对别人来说是有价值的，并能给他人带来快乐。婴幼儿在早期阶段用全部的感官感受母亲的形象和她的本性，将母亲铭记在心里。如果他铭记的是一个好母亲的形象，那么从此时起所建立的安全感会伴随他今后的生活，让他成为令人喜爱的人，并有能力去爱别人。尽管将来我们的记忆不可能追溯得如此久远，让我们记住婴幼儿时期的事，但早期的经历已经在我们的心灵中打下了对世界和人的最初烙印，建立了一种无意识的

第 2 章 父母的爱

伴随着我们成长的情感基础。

父母与孩子关系的不幸在于,让孩子受困于对父母的依赖,要求孩子感恩和付出爱,而不是让孩子自己发展。如果父母因为自己生活不如意、对自己的伴侣关系感到失望,或者因为自己本身还是个孩子,而向孩子提出过分的要求,那么每到一个发展阶段,孩子就会因为有负罪感而越来越寻求摆脱与父母的紧密联系,因为他让父母伤心了。由于孩子没有体验到自己的成长所带来的骄傲和喜悦,其日益成长的独立性和自主性未能得到认可,他感受到的是母亲的失望和她害怕失去孩子的恐惧,因此孩子产生了无法解决的冲突。这对他来说可能是个悲剧,他要么得让母亲失望,或者敢于摆脱母亲的爱;要么必须为了母亲而放弃自己在各个方面的发展而做个乖孩子。类似的悲剧还有，比如父母期待并要求孩子付出爱，仅仅因为他们是孩子的父母，而他们不付出任何努力去让自己变成值得爱的人。在这种情况下，他们通常拿"要孝敬父母"作为依据，以奇怪的片面性要求孩子尊敬父母，而不是自己去赢得这份尊敬。如果我们从这里面看到了父母对孩子的专制思想，那么正是如此，我们应该没有弄错。这种思想展示出孩子的世界与成人世界之间的界限是如此鲜明，以至于在这两个世界里运行着不同的标准。

在这一点上，母爱也类似后来的爱，我们通常认为，爱是我们拥有的一种状态，并且能够保持不变。但我们恰恰在母爱中看到，爱本身是随时间而变化的。充满母爱的关怀、母亲对孩子的愿望和哺

第 2 章 父母的爱

乳需求的可靠猜测,以及孩子对母亲的依赖和依恋,都是幼儿生存的必要条件;但对于成长中的孩子而言,这反倒会成为危险,过于紧密的依恋和长久的依赖性会成为孩子发展的障碍。一位母亲不管出于什么动机,如果不愿意或不能随着孩子的成长而发展和改变她对孩子的爱,那么将不可避免地对孩子造成危险。然而孩子却很难识别出这种危险,因为它是从爱当中产生出来的,并且没有可比性。孩子可能会觉得世上所有的母亲都与自己的母亲一样,但他们又如何知道,世上的母亲也是不同的呢?孩子只熟悉自己的环境和自己的母亲,对他来说,自己身处的环境和自己的母亲就是世界和慈母的体现。正如我们听说的那样,最初的印象打上的烙印最深,如果一个人的个体生命史从这里开始,这里就是孩子后续情感发展的基础,并将影响其漫长的人生。

成长中的孩子需要另一种父母的爱,同时也对父母的爱提出了不同的要求。在不知不觉中,父母也要准备渐渐地放开孩子,必须让孩子去准备自己生活。母爱常常会在面对成长中的孩子不断发展的自主要求时遭遇失败。母亲的爱,最初是一种礼物,如今变成了一种自我的欲望,她过于自私地想要控制孩子,要求孩子像以往一样爱她。父母常常怀着恐惧、狭隘的心态,甚至用不合理的限制,追踪着孩子的发展,唯恐失去孩子。但是这样做只会更加于事无补,甚至让孩子无力宣布与其脱离关系,或为了父母牺牲自己,或因此变得压抑而患病、抑郁,直至以自杀相威胁。这样父母就摧毁了他们能给孩子的最重要的东西:存在的快乐和自我发展的愉悦。

人们常常把母爱过度理想化,对母爱要求过高。因此,许多母亲对自己的母爱抱有不现实的期待,并怀有不必要的负罪感,特别是当她们无法完全实现那些理想化要求的时候。她们认为自己必须永远爱自己的孩子,但有时候也会不可避免地对孩子生气,当孩子刺激了她们,惹她们生气,她们也会迁怒于孩子。而孩子有时恰恰只是想要试探自己能把母亲刺激到什么程度。在孩子面前,很多女性不是一位体贴入微的母亲,而是一位追求完美和理想化的母亲。即使如此完美的母亲真的存在,这样的母亲对孩子来说也一点好处都没有,因为孩子无法和这样的母亲讲道理,而为了满足她,不得不对自己提出同样完美的要求。孩子也会在如此完美的母亲面前感受到自己的卑微渺小。

一位体贴的母亲应该能让孩子从感受到的爱中做好勇于面对世界、接受世界的准备，并能落落大方地与他人进行交流。她能让孩子克服一切困难和压力去热爱生活，她赞赏孩子的独立自主并且不让他有负罪感，教孩子发自内心地去爱他人。要爱他人，我们必须首先自己被爱过。一个在自己童年时代从未体验过爱或者极少得到爱的人，就算他有可能学会爱，也要困难得多。因为他必须要付出那些他从未得到过的东西，爱人如己对他而言可能会变成一个过分的要求。如果一定要他做到爱人如己，那就是让他将不懂得去爱他人、也无力自爱的能力传递给他人。因此，我们只能要求自己，就像我们自己被爱一样去爱他人，在实际生活中常常做到这一点就足够了。更重要的是，我们要明白，自己有能力去爱的首要条件就是，我们自己曾经经历过爱，因为爱本来就意味着将爱自己转变为爱他人。

人们在爱他人时，当然也在寻求获得对方的爱。如果人们期待自己的爱是无私的，那就是一种苛求。爱始终是一种给予和接受，不是单纯的给予或单纯的接受。即使无私的和愿意牺牲的父母之爱，也同样期待得到孩子爱的回馈。父母的爱不应该成为一种自愿承担的义务。尤其母爱，它常常被定义为所谓的"纯粹的""无私的"爱。也许有这样的人，喜欢无私地奉献爱；但一般来说，我们在奉献爱的同时，也是需要被爱的，作为父母也是如此。我们不应当忽略这样一个事实：爱本身使人幸福，而我们越是努力争取被爱，就越不了解爱。如果爱是一种不带目的、不期待回馈的纯朴行为，我们就能满怀爱意地去做我们所关注的一切。

这种关注让人们敞开心扉，倾诉秘密。如果不是这样，我们就无法知晓这些秘密，这是我们通过自我牺牲才得到的。从这个意义上说，爱从未被挥霍、滥用过。神秘主义者最纯粹地体现了爱的形式。在某些与我们的个性发展相关的范畴内，我们都能体验到这种爱，因为它最终只与能力和意愿相关，并没有期待爱的回馈。这一点不是从无私的爱的意识或者要求中得出来的，而只是来自经验和体会，这种不带任何目的的爱能让我们发现内在和外在的财富。因此，爱对我们而言，就成了理所当然的事。

第 2 章　父母的爱

与所有的爱一样，父母的爱也有各种形式，最使人幸福的是赠予式的爱。它毫无疑问是一种天赋，是一种不可能期望从所有人那里得到的馈赠。这种爱的天赋如同其他天赋一样，分成不同的等级。对有些人而言，爱是生命的意义之所在。这样一种赠予式的爱无疑是我们能够体验到的最令人幸福的事情之一，它不期待爱的回报，只期待着它所爱的对象能蓬勃发展——不是对其产生依赖，而是在被爱的意识中拥有永不枯竭的力量源泉。这不是一种不分青红皂白和盲目的爱，而是一种有鲜明特征的爱，它使接受这种爱的人承担起责任，因为爱将信仰传递给了他——他体验到自己是被爱的，根据内心的法则，他感受到自己能成为这种人。这种赠予式的爱能让人在乐观主义的理念中充分发展自己的个性。但这种爱并不意味着野心、获得成就和出人头地，而是让人成熟、获得人性和人格的尊严。

另一种与此相反的爱的类型就是溺爱。它的形成来源于以下两个方面：一方面来源于母亲或父亲在面对孩子时的某些不确定的负疚感；另一方面则源于希望得到孩子的爱。这种爱看起来似乎也是赠予式的，但是需要受赠者承担起感恩的责任，并且与赠予者捆绑在一起。这种爱照顾的根本不是得到爱的人，而是那个希望通过爱得到回馈的人。就这一方面而言，爱的受赠者是可以被替换的，仿佛在受赠者的生活中只有感恩这项任务需要完成。溺爱期待感恩，这种爱的阴暗面也是可想而知的。对孩子而言，这种爱是非常成问题的，孩子被反复告知父母为其所做的一切——父母也确实是做了这些事情，而他却久久无法察觉父母的自私。这样的孩子将来会反复处于这样的境地：他不得不为了自己不想要的东西而表示感恩，如果不感恩，他就会感到内疚。这样的孩子也就更难以离开父母，因为孩子多半也意识不到这种爱给自己带来的恶果，就会通过苛求的态度，继续引发父母的溺爱，由此形成一个无解的恶性循环；或者消极行事，将所有事情甩给父母，对任何事情都提不起兴趣，他甚至根本就没有机会拥有发展自己的愿望和动力，所有的一切都是"免费送上门的"。这常常就是舒适环境构成的心理背景，而潜伏在这背景之后的就是抑郁症。

还有一种母亲被人们称为"护雏母亲"，她们出于害怕失去和害怕面对生活的恐惧，试图保护孩子，不让他遭受一切可能发生的伤害。在她们眼中，无论是天气、某些食物、运动，或孩子的朋友们，都可能会给孩子带来危险。她们从不信任孩子，极少给他机会去面对生活，让他自己获得成长的经验。她们就像孩子和世界之间的一个橡胶缓冲器，试图缓冲和抵挡一切困难和需要力量去面对的事情。可想而知，如果这样的母亲是男孩的母亲，那么问题会更加棘手。她们倾向于压制他们身上一切男孩式的行为，产生的后果是，当孩子们到了应该学会某些事情的时候，却没有能够学会，被培养成了所谓的"巨婴"。即使到了将来，他们还是要寻求母亲的保护，他们似乎永远无法长大。这样的母亲导致孩子在尝试认识自己的力量之前只能听天由命，造成了孩子严重的发展障碍。

当父母的爱与某些愿望和期待密切相连时（比

如，他们希望孩子应该成为什么样的人，认为孩子该如何发展），父母之爱也有可能给孩子带来危害。这可能和父母的社会角色有关系，比如，孩子应该满足父母的虚荣心，实现父母内心一直渴望但出于某些原因一直未能实现的某种愿望。因此，他们的爱就与某些条件捆绑在一起。孩子因为不想失去父母的爱，也试图让自己按照他们的愿望去生活，但这样一来，他便会完全偏离本来的天性而活着。如果他将来不能从中解脱出来，有勇气做自己，那么他将很难在生活中找到本该属于自己的快乐。最终，他沦为父母的声望、虚荣和幻想的牺牲品。父母反复向孩子强调这都是为了他好，正如父母一直以来向他灌输的那样，因此孩子也很难看透这其中的关联，尤其是父母的这种观点还被当成一种普遍的社会价值。父母们当然想要为孩子感到骄傲，但是如果孩子不得不违逆自己的天性去达到这一目标，就可能酿成灾难性的后果。有时候，孩子的某些有意或无意的"罢工"以及犯错、失败，是他试图摆脱这种成功的压力的唯一机会。但这种反应并不能使孩子免遭失望和失败，我们只能通过理智的判断，认识到这样的犯错和失败是面对父母强加给孩子愿景时才会出现的，就像人们不可能指望一棵苹果树上能长出梨来。

还有一种父母也值得一提，我们称之为"消耗型"父母。这种父母认为，他们必须通过管这管那，不让孩子消停的方式来证明自己的爱。他们仿佛总在插手孩子的生活，不让孩子按照自己的需要和意愿做任何事，不断地用各种建议和安排进行干涉，而这其实是他们自己的需要，他们根本不重视这些建议和安排是否也符合孩子的需要。他们天真地认为,能给他们自己带来快乐的东西自然也会给孩子带来快乐。他们不懂怎样与孩子保持健康的距离,常常用这些干涉手段搞突然袭击和暴力压制。比如从管孩子吃饭开始,慢慢地波及孩子的所有活动以及与外界的接触。这样的父母总认为,他们比孩子更了解孩子需要什么,什么能给孩子带来快乐,谁对他们更合适。这样的孩子很难找到对自我的认同,他们也没有学会拥有自己的愿望和需要,他们的生活永远像被远程操控一样,最终根本就不知道他们自己到底是谁,到底是怎样的人,因为他们只被允许成为父母的提线木偶。

最后,尤其还需要提到的是男孩的母亲们。如果她们对儿子的爱不仅是母爱,而更像一种伴侣之爱，那么她们对孩子来说则更危险。她们将儿子变成自己伴侣的竞争者或者替身，诱使他们成为恋人的角色，儿子也骄傲地将此当作奖励，体验着这种角色，但是他为此付出的代价太大了。他对母亲的依恋过于强烈，虽然得到了母亲爱的回报，但随着时间的流逝，他会变得越来越失意。他完全信赖母亲的爱，在母亲面前就像一个彬彬有礼的绅士、安慰者，或伴侣的替身，但是这种爱是有界线的，不能逾越伦理的界线。母亲因嫉妒也不会拱手将儿子让给其他的女人。这种母爱有可能长时间地诱惑着儿子。如果父亲也在场，儿子会体验到把父亲从母亲身边挤走的胜利。母亲喜欢他胜过父亲，也让他免于与父亲发生争执。但正是在与父亲的冲突中，他将必须展示出自己的男子气概。如果儿子与父亲关系很好，同时又被母亲当成父亲的竞争者，这种情况就更难办了,这往往会给一个家庭带来悲剧。正如我们所看到的那样,类似这种伴侣的情感关系也会发生在父亲和女儿身上。

上述所有爱的类型往往被人们看成是父母之爱。也许这能让人们更清楚地认识到,健康的爱需要做出多么巨大的牺牲。暂且不谈怀孕和生产的时间,不谈家庭及父亲的社会和经济关系、父亲对孩子的态度、婚姻的状态以及母亲儿时对自己母亲的感受,一个母亲从怀孕之日起就需要做出时间上的牺牲,在物质上受到某些限制,还需要放弃个人愿望和自由,她长年累月都在做出牺牲和放弃。如果这个母亲真的爱孩子,这种牺牲和放弃还不至于太让她难受。但在生活中的确存在着许多造成困难的因素,让人不禁对母亲爱孩子的这种意愿发出感叹，因为我们不能简单地认为这是理所当然的。尽管作为母亲会遇到各种各样的困难，但绝大多数孩子还是能够享受到母亲给予他的充分的爱，能够健康成长。上述所有例子里的母亲归根结底都是慈爱的，我们不难想象，一个寡情薄爱、没有爱的能力并对孩子充满敌意的母亲将会对孩子产生什么样的影响。

在任何情况下，父母的爱都是一种无私的爱，因为孩子需要这种无私的爱，这种爱的能力在方方面面帮助孩子。我们不应该拿那些无人能做到的理想化要求让父母们为难。那么，父母们应该能够给予孩子的是什么呢？我们可以归纳为以下几点：（1）安全感和信任感，这是除了给予他们情感关怀之外最为重要的前提条件，让孩子始终知道父母是在他们身边的;(2)此外,孩子应当得到适当的身体上的亲近;(3)让孩子吃饱穿暖也是理所当然的;(4)除此之外,情感上的关注对孩子而言是最为重要的。不管是在喂养、与人交往的需求、休息,还是自己的意愿等方面,父母都要理解每个孩子都有自己的特点和节奏,不要在孩子的每个成长阶段去强行逼迫他们。我们必须承认,每个孩子都是不一样的,打出生起,他们的性格、特点和行为方式就各不相同,我们也不能因为某种原则或者某些笼统的规划就罔顾这一点。

尤其重要的是,父母应当思考,对父母而言,孩子到底扮演什么角色,又具有什么作用。从思考中父母应该明白:自己是否接受孩子的现状,即使孩子有这样或那样发展的可能性,也能够去爱他们？或者这是否符合我们之前讲过的那些条件，比如父母对孩子是否有某种特定的期望，在父母认为重要的某一个方面，孩子是否应该达到规定的成绩？孩子应该是温柔的、顺从的，还是鲁莽的、胆大的，抑或是善于适应、易于满足，还是独立自主、充满自信？父母的爱自然会对孩子有着某种期待，如果这种爱符合孩子的天性，那就不是问题；但如果这种期待与孩子的天性不符，甚至父母双方对孩子的期待还各不相同，那么孩子会失去方向，陷入迷茫，并必将导致悲剧性的冲突。

也许最让父母难以接受的是：在做出了如此多的牺牲和取舍之后，自己养大的孩子却又要离开，他们不得不将孩子让给生活和他人，而自己则丧失了对孩子的重要性。父母能从中得到的回报是，看到孩子茁壮成长，发展得很好。父母大概也希望能得到孩子的感恩和爱，但绝不能抱有这种期望。

如果我们想要区别父爱和母爱，那么需要强调的是，个体总有差异，没有千篇一律的模式。父爱和母爱最有可能的区别在于，父亲总是在家庭中发挥着其他的作用，至少在西方文化中是如此，所以也许父亲对孩子的爱不是那么无条件，他们的爱要求更高，更多与成就相关。父亲和孩子之间长时间的亲密关系并不长，许多父亲只是在孩子成年之后才与孩子，尤其是与儿子就兴趣和目标形成一种"理智的"可以相互交谈的关系。父亲在面对女儿时，也有可能发生前面讲到的母子之间的情感乱伦，并产生同样危险的后果。父亲更期待儿子能认同他们，希望儿子成为父亲那样的人，无论是在职业、性格还是世界观方面都以父亲为榜样。让儿子做"继承人",将家族的姓氏和家族传统尽可能地传承下去,就好像父亲想在儿子身上重新找到自己一样。

与母亲相比,父亲为孩子做出的牺牲更少,因为他们更愿意让孩子自由发展。此外,通过他们的职业生活,父亲们也往往比"只做"家庭主妇和妻子的母亲更容易接受变化。他们在其他方面能实现自我满足、自我证实,并获得成就感。总的来讲,与母亲相比,父亲喜欢的是孩子身上其他的特点。不过,这一切也有可能会发生转换,因为"父亲"和"母亲"的角色也不是一成不变的,而是在不断地产生变化和融合。同样也有母亲般的父亲和父亲般的母亲,有家庭奶爸和职业女性。也许我们还可以说，在孩子身上，父亲更爱的是孩子将会成为什么人，而母亲更容易爱孩子每时每刻的当下。不过，我们需要谨慎对待所有这些区别，男性和女性社会角色的分工常常被人们当成了所谓的区别：作为父亲，就应该是一位"真正的"父亲。虽然社会发展到今天，刻板的传统性别角色也随时代的进步而变迁，但毋庸置疑的是，不论父母自身是否符合这些角色的天性和喜好，社会中大众长久累积的这种根深蒂固的观念仍然存在，并非短期即可推翻和改变。

父亲对女儿、母亲对儿子而言，通常是他们接触的第一个异性。父亲造就了女孩对男性的第一印象，母亲也是男孩了解异性的第一渠道。这个最初印象经过长时间的共同生活也会越来越深。而父母常常没有充分意识到,他们自己的人格、特征和行为方式会影响孩子的命运。如果父母更多地意识到,自己的一言一行会影响孩子一生,决定他们未来的命运,那么也许父母们会为此做出更多的努力。

Die Fähigkeit zu lieben

第 3 章

性与爱

第 3 章 性与爱

将性欲与爱情相提并论是多么不得体，将它们视为对立面，甚至做出非此即彼的选择又是多么不恰当。长久以来，我们过于习惯用不屑一顾的眼光看待性欲，这让我们质疑肉欲、情欲和性欲，使我们贬低肉体，并且将性欲视为一种罪孽。这导致了灵魂与肉体、爱情与性欲的严重分裂，这种分裂还屡见不鲜地被科学接纳和采用，给人们造成了许多迷茫，并酿成恶果。性欲将我们降级成动物，与其说反抗它，不如说我们应该掌控它。曾经出现过一种没有性欲的"纯爱情"观，人们将它解释成爱情的更高形式，以此来贬低肉体的爱情。

这些观念得到了教育、学校，甚至是科学的支持，于是产生了禁忌。人们一旦逾越了这些禁忌，就会产生严重的罪恶感和遭受惩罚的恐惧感。长期以来，社会在性生理成熟和性欲的释放之间给年轻人设置了一道时间上的障碍。其实，每个孩子必然经历各个性发育阶段（例如儿童发育早期的性萌芽期和青春期），但是孩子们在这些性发育阶段中都受到了压抑和反对，家庭和学校也在教育中逃避对年轻人进行理智的性启蒙，广泛的性欲敌视严重地阻碍了年轻人获得有关自己的身体和性欲望的健康观念。

因为性行为成为禁忌,而为了以后的伴侣性行为,自慰成了迫切的但又未经允许的性欲望的排解渠道和紧急解决办法,并被认为有害健康。即使这是一个不可避免的过渡时期,但人们甚至试图从医学方面"科学地"证实自慰会造成严重的后果,例如它竟然会导致脊髓疾病和类似疾病。今天当我们提到这些说教和观念时,只能摇摇头,但我们中间的老一辈人接受的都是这种教育。

显然,这种教育绝不可能实现意中的道德和使人向善,相反,还会导致受到压制的生命本能产生阻塞,从而变得非常危险。这会引发反对性冲动的痛苦斗争,当然性冲动是无法压制的,这种斗争的失败又引发了沉重的罪恶感。很多时候,这种罪恶感会激化成绝望,使人自我摧毁。如果这种斗争取得了胜利，那么人们付出的代价就是要么患上神经症，要么患上心理疾病，精神分析已经揭示出这些疾病与被压制和被强迫的情欲世界的关联性。在这两种情况下，生活的乐趣、快乐的能力和感官的享受遭受严重的限制，或者导致性本能的神秘化和谎言化，扭曲了生命本能的健康发展，甚至变得反常，性行为也就被贬低成了一种充满恐惧感、罪恶感、羞耻感和令人感觉不堪的行为。如果被压制的欲望反抗得太强烈，性冲动变得崩溃而不可控，崩溃中的性欲演变成危险的毁灭形式，人就会成为被社会蔑视和仇恨的性罪犯，而这种反社会的发展又和这样的社会息息相关。

裸体、性欲快感、性欲渴望和感官愉悦成为禁忌，或常常以各种奇怪的形式被加以鞭挞。曾经有

第3章 性与爱

俗语说,看到自己父母裸体的人会失明。公共泳池、海边浴场被隔离成男性浴场、女性浴场和家庭浴场,使人们产生很不自然的羞耻感,还导致了对秘密的好奇感和窥探欲之花的愈发盛放。所有这一切会造成伪善和过分的拘谨。人的下半身不被接受,受到压抑的人们不得已在所谓的男士之夜用不正经的笑话给自己打开一个宣泄的阀门。这种笑话就好比一个精致的晴雨表,反映出一个社会在自己的习俗和禁忌中所不能容忍的东西。

幸运的是,上面所描述的大部分内容已成为历史。如同钟摆效应一样,发展的钟摆已经偏向了另一个极端。从20世纪60年代起,一股"性浪潮"席卷了欧美国家。最终,我们只能将这种浪潮理解为一种反作用和抗议。因为禁欲的道德让人们置身于用谎言、欺骗形成的性欲敌视中，企图通过唤醒人们的恐惧感和负罪感，将人们禁锢在不成熟和依赖状态中。"性浪潮"撕碎了绝大多数陈旧的禁忌，甚至那些我们认为真真切切的、自然而然的禁忌，例如乱伦。而迄今为止，血亲乱伦是要受到最严厉的惩罚的。

20世纪初，精神分析学的研究和经验对突破自古以来的禁忌具有重大的意义，并认识到被压制的性欲和被排斥的生命冲动在很多神经症中起到了怎样的作用。同时，精神分析学还取得了另一个重要发现：性欲与爱的能力一样，都有着不同的发展阶段，两者往往紧密相连。性欲在青春期之前，也就是在性生理成熟之前，有着不同的萌发阶段，这些阶段的成功或失败，都将对人们后期的性行为产

第3章 性与爱

生决定性的影响。对儿童早期的研究表明，大概在孩子整个生命的头六年这个特定的发展阶段中，特定的生命动力占据主导地位，之后这些生命的动力就发展成为本来的性欲。人们将构成性欲的这些组成部分称为局部驱动力（例如，口欲或肛欲）。这些局部驱动力可能会在早期阶段受到阻碍、干扰或者压制，因此会对后期的性欲产生某些后果。例如，后期的性欲缺失了其中的某种局部驱动力，如果由于教育的原因，使孩子对这种局部驱动力形成了心理滞留，那么这种局部驱动力就会在未来的性欲中占据主导地位，并表现出不成熟的、某个早期发展阶段的行为特征。

此外，这也给所谓的性反常，即偏离正常的性行为的形成和意义带来了全新的理解。到目前为止，这种行为要么被认为是天生的，要么被认为应该受到惩罚。从目前假定的病态遗传本质来看，这种反常性行为可归咎为环境的影响和教育的后果。以前人们认为需要对这种行为进行惩罚并进行道德谴责，因为它看起来似乎与意愿的关联更大。但如今，这些行为则被理解成习得性的发展障碍。与其惩罚和歧视这些人，不如为他们提供心理治疗的机会。在治疗中，希望能给他们机会去改变习得性的有关性行为的误解，解开束缚。人们自然还会想到性少数群体。长期以来，他们的性行为一直受到法律的禁止，直到今天，性少数群体仍然会遭受社会的歧视。

在爱的能力的初级阶段和性成熟的初期阶段，既谈不上真正意义上的爱，也谈不上真正意义上的

第 3 章 性与爱

性,因为在儿童阶段,这两种现象才刚刚显示出萌芽状态,我们在这里讲到的只能是一种希望得到满足的渴望。孩子带着这种渴望面对世界,并在其中获得满足。精神分析将这种我们心灵中和生命中体验到的驱动力称为力比多。这个词在拉丁语中的含义就是性欲。如果我们找一个不那么科学的表达,那么我们也许可以用"欲望与爱"这两个最直接、最贴切的词来表达这个概念。欲望与爱是一体的,当我们说带着欲望与爱做某件事情时,就是说全身心、全力以赴地去投入。在我们有能力做到这一点的地方,我们都会获得最丰富的感受,体验到最深的幸福。

对幼童而言,欲望与爱则非常简单,是生命的渴望、存在的乐趣和舒适惬意的感受。孩子自然而然地享受着这些，最重要的是，我们在生命初期就被允许体验这种生命的乐趣，并让它超越我们无法回避的饥饿、寒冷与痛苦，因为只有这样才能让我们确保做好准备，对我们的存在和生活不加限制地说"是"。它能够使我们渐渐体验到这个世界是值得我们追求和渴望的，让我们想要去接触这个世界，并让我们为了奉献，面对周边的人和物质环境时敢于保存本能。就是说，将欲望与爱结合起来。

如果孩子出生在一个没有爱、被忽视或者突然转变的环境中，他会变得失望、沮丧，或感到恐惧。他没有从外界获得足够的满足感，因此必然会试图从自己身上去获得。这就导致他把欲望和爱越来越转向自己，完全滞留在自我保存这一边，并把它看作唯一可能获得感受欲望与爱的可能性。

第3章 性与爱

我们还可以说得更清楚一点，因为婴儿还无法认识到自己对别人的依赖性，所以他毫无顾忌地表达自己的需求、情绪和冲动，仿佛肆无忌惮。但他只是为了获得满足、释放压力和发泄不快，只是在拒绝压力和重新获得舒适感。

从本能驱动力发展的第一个阶段开始，人们就有单纯的、不受阻碍的、自发的、有目的的欲望表达，这是人后来的驱动力结构和性欲的最初组成部分。如果人们在早期的下一个发展阶段没有成功地建立起人际关系和依赖关系，那么他的驱动力结构就会固着在初始阶段。这意味着他只想让自己的动机力量和性力量得到发泄和满足，而没有任何人与人之间的交往——在此，伴侣真的成了性客体，只是用来满足性冲动目的，之后就被弃置一旁，不需要建立感情关系，并随时可以被取代。如果伴侣还有自己的要求，甚至期待着爱情或者致力于建立一种联系，那么就会被看成一种麻烦。

如果一个人对爱了解得太少，从未真正得到过别人的爱，就像在收容院我们看到的有些孤儿或意外怀孕出生的孩子，还有一些被收养的孩子，虽然他们也会感受和寻找欲望，性欲也会驱使他们寻找一个"你"，但他们是缺少爱的，他们爱的能力似乎已经停滞或变得贫瘠。随着自身人格的其他方面的发展，他们的性生活也只剩下功能上的确认能力了。有些人就好像仍然停留在爱情或伴侣关系的最初阶段，不敢有身体上的亲近，不敢把自己的欲望和爱的感觉告诉伴侣。他们仿佛是爱情的旁观者，只敢远远地看着自己的欲望，并一直滞留在儿童式的性欲初期状态。

如前所述,展示欲和窥视欲是在儿童发展阶段表现出来的欲望组合要素,将来也会存在,但是在性生活中只起到一种微不足道的作用,不管怎么说,它们将不再是性满足的唯一目标。在所有情欲中,视觉刺激起着非常重要的作用,无论是男人还是女人都会有意识地使用它。比如,时尚在制造视觉刺激方面就灵感无穷,当然,这些魅力展示也要取决于当前的礼俗观念。被认可的魅力在被允许的范围内不仅满足了自己的展示欲,同时也激起了别人的窥视欲。于是,窥视欲和展示欲就成了情色与性交往的前戏。随着旧的性禁忌被打破,这种性冲动也会以新的方式被释放出来。这并不是巧合,例如人们在情色制品中释放窥探欲,在家里和在海滨浴场通过展示裸体而释放展示欲。回想起在1900年前后,人们对这两种欲望施加的非自然限制,现在的这些自由是不可想象的,也避免了那种不健康的神秘感以及不必要的羞耻感和难堪。在以往那个时代,这些感觉不仅阻碍了人们肉体的愉悦感和作为性生物的骄傲,而且完全将其贬低为伤风败俗。每个孩子都要经历这样一个发展阶段——通常是在四到六岁时,孩子开始意识到男女性别,并产生特别强烈的好奇心。他们想要知道孩子是从哪里来的,又是怎么来到妈妈身体里的,想要亲眼看到性别差异。孩子在这个时期常常会玩医生看病的游戏。过去,人们力图禁止研究这种需求,但这确实是孩子应当得到的,而从一开始,人们就为其披上神秘的面纱,或者用谎言欺骗孩子。今天,人们走向其对立面,再次陷入了危险之中。人们往往不是耐心地等待孩子出现这方面的需求,而是有意使之发生,以另一种方式很不自然地表现出来。

旧的禁忌所起的作用是如此不利并且有害,操控和挑起孩子的性兴趣也是非常成问题的。孩子在什么时候开始对此感兴趣,本来应该是孩子自己的事,孩子提出的问题,人们也应该实事求是予以回答。认真地对待孩子的问题,并且用他们能理解的方式来回答,对孩子来说非常重要。拐弯抹角的回答会让他们觉得自己没有权利问这些事情,长此以往,就抑制了孩子合理的求知欲,并使他就此停留在简单幼稚的状态。如果说以往的教育将性变成了禁忌和伤风败俗的东西,那么现代教育的危险在于,将性变得完全不再有吸引力,变得平庸乏味、毫无秘密可言,使其成为一种使用技巧就能学会的东西。

让我们再看看那些在早期阶段没有经历过人际关系的孩子。在渴求爱的关注时，他们尤其依赖自己，不得不寻找一些能替代他们所缺失的那种关系的东西。最直接的替代物就是他们自己，因为除了自己，他们找不到能够爱他们的人，于是夸大了自恋。自体性的性爱形式在他们身上占主导地位，即使没有性伴侣，他们也力图使自己能够获得欲望与满足，这自然导致了爱的能力的贫瘠化。动物也可以被当作伴侣的替代品——这就是力比多的可塑性，我们爱自己之外的某个东西的冲动是与生俱来的，是不可压制的力量，只要这些对象能够满足让人爱的条件，能温柔相拥，那么这种冲动就可以转向所有可以想象的对象。因此，被选中的客体往往

第3章 性与爱

能揭示一个人过去爱的经历。

当缺少人与人之间的关系或所有情爱和肉欲成为禁忌时，人们爱的能力就变得贫瘠，就会对爱的对象的某些身体部分产生迷恋，进而迷恋对方曾经接触过的物品——它们仿佛成为一种替代性的象征。这种贫瘠化又被称为恋物癖，也可以称为无伴侣的性行为。有恋物癖的人将一种物品当成了自己的恋人。人们不难想象这种"爱情生活"是何等令人绝望，当事人还必须尽可能地保守秘密，否则就会遭人嘲笑、鄙视，被看成性变态。有谁又会想去弄清楚这种性反常行为是怎样产生的呢？当恋物者放弃了将人作为情爱和肉欲的对象，就放弃了所有的被爱，谁又会想到他们经历过怎样的失败和担心受罚的恐惧？

恋物癖的一些现象也存在于正常的情爱生活中。在恋爱时，如果自己心爱的人不在身边，热恋者会给对方小礼物，交换一个护身符或他们拥有的其他物品，用来替代不在自己身边的恋人。这个物品可以是一块手帕，也可以是一缕头发，总而言之，是能让我们想起恋人的最熟悉并最私密的个人物品。让我们想象一下，长此以往，这个物品对于一个人来说，变成了自己热恋的那个对象，我们就能理解这种如此受限的"情爱生活"是多么贫瘠和令人绝望。因为恋物者无法接触到真正意义上的伴侣，或他们曾经有过危险甚至有威胁性的体验，因此他们所有性的欲望被困在某个身体部位或物品上，它成了实际意义上的恋人的替代品。与恋物癖近在咫尺的还有多伴侣性行为，当多伴侣性行为只是为了满足性欲，那么它与恋物癖的区别也不大。

第3章 性与爱

人们感兴趣的只是一个性对象,而不是一个人,可以随意更换,是匿名的。人们也避免与其产生情感上的联系,因为这种联系被看成一种麻烦。剩下的只有纯粹的情欲,情欲与爱已经分离,仿佛是一种独立的存在。然而,通过这种方式,人们只能获得短暂的满足感,这种短暂、孤立的满足仅仅是一种功能性的满足,和伴侣这个人没有任何的关系。那么这种人会不断地寻求新的刺激,由此产生一种成瘾的特征,一种无法满足的性欲冲动,因为它没有被纳入整体性的体验当中。因此,每一次替代性的满足会让人上瘾,没有爱的性行为永远只能产生瞬间的满足感。当今时代广泛的性自由展示出来的是一副双面人的面孔:它常常在匿名中进行,而且这些伴侣只是可以随便替换的性客体。与其说是违反了道德准则,不如说是爱的能力变得贫瘠、亲密关系岌岌可危，爱的能力和性行为固着在了一个幼稚的发展阶段。

从这些偏离常规的五花八门的情欲生活形态中，我们能看到，儿童早期爱的经历是多么重要，甚至决定他一生的发展。我们了解，人本来就有一个敏感阶段，如同行为研究者在动物研究中发现的那样，动物的性行为印记是在一个短暂的发展时期内形成的。那么毫无疑问，对人类而言，一些烙印般的经历也可能成为他们性欲发展命运的决定性因素。由于人长期处在依赖和无助之中，尤其在儿童时期，和动物相比，教育对人的自然发展所产生的影响要广泛得多。同样重要的是，由于人的差异性和复杂性更大，其发展更容易受到干扰，因此也特别会在最广义的情爱生活方面产生极其广泛的影响。人不像动物那样有固定的发情期，人的情欲和性冲动没有时间限制，随时会产生，也不像动物那样单调和千篇一律。只要有更大的自由和更多的选择存在，也就有可能产生更多离经叛道的情况。对人类而言，性爱不再以生育繁衍为目的，性行为只为了传宗接代的时代已不复存在。人们的欲望和爱、温柔和攻击、自我保存和奉献以一种我们无法完全解释清楚的方式，突破了这一观点。人们多种多样的行为方式摆脱了带有限制性的标准化。我们现在的情爱生活也无须再去遵守过去的行为规则，因为如今人们的个人成长经历实在是太不一样了。

人总是反复地试图寻找曾给他带来最深的满足和幸福的东西，这是一种古老的智慧。法国人说，人总是回到自己最初的爱。我们常在无意识中寻找，在女人身上寻找母亲的形象和在男人身上寻找父亲的形象作为我们的初爱。在性爱方面也是一样，我们总是试图再次找到曾让我们深刻体验到情欲的东西。在这个方面，天意和偶然，或者我们所说的意外，常常以一种罕见的和无法解释的方式相互重合。如果心灵深处的意愿、情绪的洞开、身体的冲动同时在某一次体验中重合，就会产生那种我们反复寻找的愉悦感。在我们经历这样的体验时，内心的愉悦和外在的刺激在时间上的重合仿佛是计划好的一样。无论这是由某个人还是某种自然、艺术体验，或是其他方面的可能性引发，都存在着一些天意和看似巧合的特征。一种气味、一种声音、一个手势或一个形象都能让我们感到如此快乐，让我们不断地去寻找它们。当我们再次遇到它们的时候，就会为之着迷。人在这个世界得到的理解和幸福越多，就越能感受到幸福，越能拥有幸福的天赋，在这个世界上也就越有能力获得爱并更加强烈地去爱。就像乔治·贝尔纳诺斯（Georges Bernanos）所说："不爱，就是地狱。"

当一个人爱的能力发展受阻时，就会依恋他"最初的爱"。他的悲剧在于，他这种初爱的体验只能是受到束缚和缺少活力的。他在童年时真正获得的安全感和爱越少，越无法体验完整的爱并缺乏去爱的机会，他爱的能力在将来就越会固定在被束缚的或残缺不全的性体验上。如果早期的情欲体验越是局限于性，那么性驱力的满足就越是只有功能性的意义。如果我们最初的爱已经如此贫瘠，那么我们也只能重新找回这样的爱，因为我们根本没有见过其他形式的爱。

幸运的是，我们用情欲和爱来把握一些东西的能力几乎是无限的。同样幸运的是，世界对于人而言，也充满了无限的可能性，让人在其中能找到用自己的情欲和爱来把握的东西。在教育和未来的生活中，我们必须更多地考虑到，不能把情欲与爱剥离，情欲与爱是不可分离的。我认为，过分强调情欲，过分强调纯粹的性欲是非常危险的。如果仔细观察，根本不存在没有情欲的爱情，因为爱本身就充满着情欲。在道德上将爱情与情欲分离，那么就是将情欲无一例外地等同于性欲，从而产生了所有快乐都是性欲给予的这样的观点，进而产生了非常复杂的关于爱和性的理论结构，精神分析中也有足够多的这种理论。但是性情趣只是我们可能经历的情趣中的一种，它也许是最强烈的，但绝对不是唯一的。如果我们想从性欲角度解释所有的欲望，那么就会在理论框架中作茧自缚，并在自圆其说中牺牲生活的丰满与生活的财富。

Die Fähigkeit zu lieben

第 4 章

爱与依恋
——无条件的爱

第4章 爱与依恋——无条件的爱

在过去,母亲毋庸置疑是孩子的第一依恋对象。现如今,这种唯一性已经发生了松动和改变,父亲承担母亲的角色或者双方共同承担已不再少见。这里起决定作用的是,孩子渐渐地意识到自己的依赖性,有意识地将自己的舒适感、安全感和第一个与他在一起的人建立起尽可能密切的情感联系。孩子的第一个照顾者成了他的人生经验的实际参考点,成了他的世界里的中心人物——原本以自我为中心的圆圈变成了有"我"和"你"这两个焦点的椭圆。

此外，这意味着在最初，孩子还没有依恋对象时，其需要立刻得到满足的本能需求就越来越有意识地指向母亲或是他的最初照顾者，并且期待着从她那里得到满足。孩子意识到了对她的依赖，离不开她，她的存在使孩子感到快乐，她在身边能使他感到平静，离开了她，他会感到害怕。如果孩子有一位温柔敏锐的母亲，母亲和孩子之间就会建立起一种紧密的情感联系，产生给与得的交换，这远远超越了单纯的需求满足，从而形成了与一个人的第一段情感联系，这是一种让双方都感到快乐的情感联系。

这种情感联系一开始是由母亲或照顾者定期可

第4章 爱与依恋——无条件的爱

靠地出现在孩子身边而形成的,因为与一个人建立情感联系是需要时间的,在以后的生活中同样如此。这个值得信赖的中心陪伴人物的存在以及她的亲切和温柔对于孩子的心灵和情感的成长具有极大的意义。在这个基础上,孩子具有信任、感恩之心、温柔和接近人的愿望,不惧怕别人的摆布和恶意,并形成自己的爱慕和爱的能力。孩子体验过这种信任能力,萌芽出了希望、承受挫折和等待的能力。这又能使孩子具有非即刻满足的能力,因为孩子已经有了经验,并且在不断积累经验。

通过这种方式,孩子能够高兴地期待母亲回来。期待母亲回来,就是希望的原始形式。在等待期间,孩子能够学会没有恐惧地与其他人交往,并扩大自己的生活半径。在这个时期形成的令人愉快的母子关系能让孩子有机会形成最基本的人格。因为只有孩子曾经感受过这种可靠性，他才能够信任他人，才有可能具备信任、希望和感恩的人格。如果无法让孩子充分体验这种信任感，孩子就会处在不信任和患得患失的恐惧之中。如果耐心和安全感缺失，他就会更加对即刻满足自己的需求产生依赖，母亲稍稍离开一会儿也不行，即使他并不是一人独处也会感到害怕。这里，孩子表现出来的不是必要的情感联系，而是他的依赖性，一种将自己全部的需要继续固着束缚在母亲身上的依赖性，母亲的每一次离开对他来说都是一次世界末日，都是一次灾难。

因此，孩子在童年曾感受过的安全感和信任能给孩子安全和有保障的感觉，并从中发展出最重要的人格特征：比如温柔的亲切感、感恩与希望。这些人格特征使孩子有能力承受不可避免的挫折和失望，有能力容忍并表达出各种情绪，例如愤怒与攻击，而不会因为被拒绝和失去爱而产生恐惧。将孩子得到的这种既美好又能使孩子敢于与人建立情感联系的感觉称为安全感，可能是最全面也最准确的表达，这种情感联系就是我们真正的爱的能力发展的起点。

因此，人们一再渴求安全感，也就不足为奇了。因为我们在爱中找到第一份安全感，所以我们也总是试图在爱中再次找到它。在一个人的爱中和对一个人的爱中，我们感受到安全和被照料，这可以减少我们的恐惧感，保护我们免受孤独，给予我们力量。在上帝的爱中得到眷恋的信仰或者观念，给予了很多人生活下去的力量，尤其是那些在童年长期没有充分体验这种爱的眷恋的人们。这样的孩子在童年时也许有幸能在祖父母那里找到安全感作为替代，或者在成年后与自己儿时的保姆更亲近，这再一次证明儿时初始依恋对象的重要性，孩子倾注在他身上的感恩之情要远远超过在这方面失败的父母。

儿童在这个发展阶段开始渴望并产生对一个人的爱的好感，希望从他那里获得爱的回报。但如果我们只是试图在爱中再次找到安全感，就很难分清依恋与依赖，一旦我们缺少了独立人格，就试图与伴侣建立一种我们小时候害怕失去和担心被抛弃时那样的情感纽带，并完全依赖于他。这个时候，我们也就失去了自信的信念。

第4章 爱与依恋——无条件的爱

如果在儿童早期发展阶段的情感联系缺失，那么日后造成的后果是，人们只有性冲动而没有爱，伴侣成为纯粹的性客体。那么，伴侣就会被高估，甚至可能将所有支撑和全部的安全感都寄托在伴侣身上，并将自己与他牢牢绑在一起，从而避免因为失去他而产生的恐惧。

接下来，我们来谈谈爱的形态，其特征是，人们往往试图在伴侣关系中重新营造与母亲一起经历的原始共生关系。我们想要尽可能一直与自己的伴侣待在一起，让他随时都在我们身边。这种对亲密和共生的需求越大，我们就越依赖他，越需要他，于是便形成了一种恶性循环。我们只有通过独立自主的发展才能解决这个问题。此外，过去女性通常在经济上依赖伴侣，被灌输的是婚姻或家庭是她们生活的全部，这自然让这种依赖走向极端。事实上，这种被动地位导致了严重的灾难，使女性完全受制于男性伴侣的恩赐或是宠爱。男女双方常常以自己的方式来充分利用这一点。处在依附地位的女性伴侣试图通过"如果你离开我，我就不活了"这样的道德压力或者勒索威胁将伴侣与自己捆绑在一起。许多女性没有努力使自己变得更加独立自主，学会应对世界和生活的要求，而是完全地依赖自己的丈夫，以至于她们事实上离开了丈夫就像孩子离开了母亲一样，完全没有了生活的能力。由于无助和其他孩子般的特征和行为，她们表现出来的完全是对男性伴侣的依赖。在这种情况下，男人又怎能如此冷酷无情，抛弃一个"无助的孩子"而连最起码的负疚感都没有呢？因此，女性的手中就有一种权力手段，足以将男人牢牢地束缚在她们身边。当

第 4 章 爱与依恋——无条件的爱

然,这样的一种婚姻或者说伴侣关系,事实上已经不再是两个成年人之间的真正的伴侣关系,而更像是一种父母与子女的关系,或是给予女性的一种生存保障。这样的女性也会为了避免分离,不断地想出新的手段和方法抓住自己的伴侣。

在这里,个体和社会因素相互交织在一起,密不可分:从个体因素上来说,这样的女性一生处在父母的呵护之下,父母把她们当孩子看待,或者在成长期间对她们要求过高,使其无法展现自己的魅力;在社会因素方面,在父权制中,男性的特权强制性地将女性置于从属地位,不给她们更多发展的机会,并让她们保持依赖性。

一些女性成功地树立了男性父亲般的权威形象

并培养了男性的责任感,在钦佩男性的力量和能力、在崇拜地仰视男性力量时,将本来能让自己得到成长的许多事情交给了男性。女性用敏感的直觉迎合男性的虚荣心,广义上说是他的"无所不能",让男性感受到女伴为他"如此有能力"而大加赞赏。例如,身份地位的象征被女性渲染成是男性"能力"的证明,是需要去追求才能得到的。此外,还有高级定制的服装、珠宝,或者与某种身份"等级"相对应的豪车,等等。这其中个人与社会因素再次交织在一起。在一个家庭中,女性知道自己依赖的倾向和男性希望她保持依赖性的倾向相吻合。女性因此免于成长,这对男性来说尽管有一些压力,却也非常地受用。因为男人在家庭里拥有绝对的权力,一切都按他的意愿进行,他有权对一切做出决定,并且他的这种地位从未受到过质疑。这

第4章 爱与依恋——无条件的爱

可以说是一种父女关系的模式,在这种模式中,女性扮演的是充满钦佩之情的女儿角色,男性扮演的是溺爱的父亲角色。在绝大多数情况下,有这两种倾向的人会互相吸引。易卜生作品中的娜拉就是一个很好的例子,在这段婚姻中,丈夫希望有一位像孩子一样乖巧的妻子,他在宠爱她的同时又不想让她成长,因为害怕会失去她。

在这样的关系模式中,男性一方面滥用他在父权传统中的优势地位,并自私地充分利用它;另一方面,他在伴侣对他的依赖基础上容忍着勒索式的肆无忌惮和无理要求。原本可能存在的爱就以这种方式被摧毁,随之而来的是仇恨、轻蔑、复仇和欺骗。直到最后,每个人都只是等待着伴侣的死亡,尤其是在出于某些原因而无法分手或离婚的时候。

当然,性行为在这一切中也发挥着重要作用,它在依赖关系中变得不自由,甚至强化了这种依赖性。女性最初出于爱情、温柔和好感而愿意做出的一切被滥用了,当女性担心失去和缺乏独立自主时,不得不去做男性要求她所做的一切,只为了稳住男性。然后,爱情关系变成了性顺从,或者变成放弃自我、自我作践的受虐狂式的享受。女性要么成为男性鄙视的奴隶,要么以卑躬屈膝和迎合的方式让他在性方面被她束缚。如果女性完全放弃反抗,这种被动性则会引起男性不断地采取新的行为,这可能导致可怕的虐待狂行为。

与女性将自己看成孩子、依附于男性相反的是,在一些伴侣关系中,男性将自己变成孩子依附于女性。在这种关系模式中,女性是宠爱孩子的母亲，而男性是崇拜母亲的儿子。在这种关系中，女性的地位被伴侣抬高，常常具有圣母般的特征，总之是一种崇拜，一种近乎将其超人化的崇拜，更确切地说是把她当成母亲般的女人，而非自己的爱人。绝大多数情况下，这样的关系就是早期母子关系的直接延续。如果母亲早年丧偶，那么这种关系模式就不会少见。

当女人不再承认男人的个体特征，并且为了爱想要完全吞并他的时候，二者的关系就成了问题。这种仿佛具有吞噬性的爱情想要把伴侣彻底据为己有，剥夺他的一切，纵容他，借此将他与自己捆绑在一起，不给他留有任何回旋的余地。尤其是纵容他的食欲，为他烧饭做菜，试图以过度呵护的方式保护他免受一丝丝凉风和她臆想的危险，尽一切可能让他远离男性社交圈，还有根据她的个人判断来安排男人的零用钱和业余时间。在这种伴侣关系中，他们常常互相以爸爸和妈妈相称，这也是他们伴侣关系的一种表现。

这当然是一种相当极端的情况，但也的确是非常常见的伴侣关系类型。究其根源，一方面是害怕失去，另一方面是高估了被爱的需要。绝大多数情况下，都是出于把自己的一切都寄托在某个人身上的原因。对有些人而言，他们所有的自我价值取决于被爱的感觉，如果没有了这种被爱的感觉，就显得自己没有价值，他们的生命也就没有意义，不值得活下去。所以，他们产生依赖性也是很自然的，他们太爱自己的伴侣，因为他们非常需要他，而且总是需要不断地去证明他的爱。

第4章 爱与依恋——无条件的爱

我们对爱的专一性的渴望,对真诚、信任以及愉快的交流的渴望,都与童年时期情感联系的发展有关。同时,我们也看到了这种孩子般的依赖性的危险有多大,甚至会让人陷入其中不能自拔。这种爱变成了危险,这是由于担心失去、害怕孤独和对爱的巨大需求而造成的。每一种深切的爱都担心失去,共同的经历、遭遇、回忆、快乐和痛苦都相互交织在一起。经历过和战胜过各种危机、越来越多的相互理解、孩子和许多其他东西使我们彼此变得不可替代。如果我们敢于同一个人如此深入地相互交往,那么对我们而言,他就具有了如此分量和意义。失去他,对我们而言就是致命的一击。害怕失去是爱的一部分,这是不可避免的,但我们可以用两种完全不同的方式来克服它。如果我们试图回避它,那么永远不可能真正成功，因为我们最多就是忘记它或压抑它，而这样则会导致产生我们之前所描述的伴侣关系模式，试图依赖伴侣或者让他依赖我们。除了上述模式外，还有另外一种让伴侣依赖我们的模式——让他出于感激而承担义务，甚至做一些他从未要求过的事情，以此对他进行道德绑架。这种情况也不少见。无私奉献的爱和期待感恩的爱之间仅一步之遥，我们的自我价值观念越弱，就越容易产生期待感恩的爱。

如果我们能考虑到，人总会因为失去而害怕，但仍然敢于深爱，那么我们就能尽可能强烈地活在各自的当下。同样地，如果我们能够将死亡，尤其是我们自己的死亡有意识地作为一种始终存在的可能性纳入我们的生活中去，我们就会更用力地活着。如果我们爱过、活过，那么我们就能更轻松地承受失去的经历以及面对我们自己的死亡。而如果我们越是吝啬地对待爱与生活，就越难以轻松地面对这一切。我们所爱的一切都会受到威胁，这也是爱的一部分。唯一保险的是什么都不爱，也不爱任何人。任何想在爱里寻找安全感的人就根本不应该开始去爱，因为爱从来就是一种冒险。

要求伴侣的爱具有专一性和出于忌妒对伴侣提出过分的要求，二者之间也只有一步之遥，嫉妒也是爱的一部分。我们将会看到的是，嫉妒的缘由也可能是多种多样的。如果这种嫉妒不以完全剥夺伴侣自由的形式出现，并且伪装成对自己和对他的特别伟大的爱（也许甚至真的是这样认为），那么至少在这种形式上，嫉妒是每一份更深沉的爱的一部分——人们只愿意和自己的伴侣共同拥有和体验某些东西。在此，对于这条专一性的界线到底该划得多窄或多宽，并不存在普遍有效的规则。在这里，和其他情形一样，我们的童年经历和经验闯入我们的生活，渴望重现从前给我们带来快乐的经历，或是避免那些让我们遭受折磨的经历。渴望爱的专一性对任何一种更加深沉的爱而言都是一种冒险。这种愿望不应该是一种完全的占有，而应该成为相爱的两人之间彼此信赖、共同体验和塑造共同的"历史"，无条件地互为存在并准备摈弃会对这种共同性造成威胁和质疑的一切可能性的基础。不同的人对这种基础的需要会达到何种程度，我们还无法一概而论。我们在爱的领域应当防止一概而论的要求，因为

第 4 章 爱与依恋——无条件的爱

在这些要求后面隐藏着的就算不是宗教或政治权力的观点，往往也是道德上成问题的各种动机，而且缺乏心理学经验的支撑。

Die Fähigkeit zu lieben

第 5 章

索取型的爱

第 5 章 索取型的爱

我们在前面了解了对一个人产生巨大依赖性的阶段。这种依赖性产生的危险是，由于害怕失去伴侣而想把他与自己紧紧捆绑在一起。在成长过程中，孩子所学会的技能越来越多，这让他更加独立自主。他学会了更好地控制自己的身体，在过去，他所需要和想得到的所有东西都必须靠别人获得，而现在，他可以自己到外面的世界去，得到他想要的东西，并能开始更多地使用这些东西。孩子开始发展自己的意志，还能用它去对抗周围世界的意志，并试图实现自己的愿望，学习了解自己的方方面面和新的可能性。同时，他开始越来越多地了解这个世界，试图征服空间，尝试与不同的人和事物交往，发展新的能力及接触自身之外新的边界，从而逐渐了解现实及其规则。

同时，这也意味着孩子现在有更多的机会与世界发生碰撞，有更多机会体验自己意志与能力的边界，并能从外部设定的界限来把握什么是必不可少的、什么是绝对禁止的。同样，孩子还能不受限制地自由探索，因自己的行为和取得的成就得到赞赏，并体验自己新获得的技能。我们一生中短暂的天堂时期到这里就彻底地结束了。在这段时间里，我们得到了我们所需要的一切，无须承担任何期待，既无罪责，也无惩罚。而现在，孩子承担的要求越来越多，第一次知道世上有善与恶，并从外界对自己行为的反应——表扬、批评、奖励、惩罚，体验自己是善是恶。对孩子而言，这是一种全新的状况，一种新形式的依赖出现了。这不再是对一个人的依恋，也不再是担心失去一个人的问题，而是由自己的行为而引发的状况。他知道了，自己是否被爱也取决于自己的所作所为，是有条件的，而是否满足这些条件所产生的结果也不同，要么被人爱，要么被人拒绝。

这些都是全新的体验，因为在之前的阶段中，孩子完全不了解自己的行为和他所面对的环境之间有什么关联。在这里，我们也可以说，孩子第一次明白了什么是前因后果，以及行为与结果、原因与效果之间的联系。在儿童发展过程中，这是一个巨大的进步。作为爱的能力的组成要素,我们有了自我坚持的能力,而且有了自我控制,如采纳那些我们生活在其中的集体规范和秩序。我们还懂得了被人爱与某些条件有关,再也不可能像从前那样,理所当然地期待被爱。这对我们爱的能力而言,则产生了两个重要的后果。

一方面,我们明白了,如果我们想要被爱的话,我们就要让自己显得可爱、值得人爱,或者必须朝着这个方向去做;另一方面,如果我们的伴侣想要得到我们的爱并且想要保留我们的爱,那么我们也会对他提出条件。人在被爱感动的时候往往还不怎么了解对方,热恋的时候很少会问对方到底是谁、究竟是怎样的一个人,而是将他理想化成我们希望的样子,也就是说充满了幻觉。这个"你"需要满足我们的某些期望，并且符合我们所要寻找的伴侣的形象，这对持久的爱而言至关重要。

提高我们爱的能力的基本要素，也有相当大的危险。如果我们追求持久的爱，如果我们想要的不仅仅是一次冒险、一次调情，或者一场短期的热恋，那么我们就必然要做出某种程度的自我牺牲，即准备以对方的方式理解对方，顾及他并为他承担某种责任。认清我们的行为带来的后果，洞察我们的举止对伴侣产生的影响，使我们能够理解自己和理解他人。为他承担责任归根结底指的是，我们应该尽我们所能使伴侣感受到他得到了很好的照顾。当然，这种责任是相互的，我们都应该重视的是，互相为对方做到最好，对他和我们自己，以及对我们之间关系的发展都有裨益就是最好的。

这种愿意承担责任的准备使一种关系更加具有重要性，更有意义和目标，并且能够使我们度过自身和共同发展中的各种危机。它会让我们将相互之间的联系视为一项使双方都得到成长的任务，引导我们中的每个自我走向共同的目标。根据不同的社会文化状况，这种承担责任的准备形式也各不相同，主要取决于一个社会中通用的任务分工和特定的性别角色。如丈夫主要负责赚钱养家，妻子则主要负责照顾孩子和料理家务，双方对彼此都有相应的期待。现如今，这样的社会性别角色由于某些原因已经不再那么固定，但如果相互之间没有为对方承担责任的意愿，这种结合就什么也承受不了。这种关系是没有未来的，遇到各种压力就会分崩离析，遇到危机就会成为各种诱惑的牺牲品。

但是，为对方承担责任也不可以太过分。如果不想让对方继续做一个不负责任的孩子，将所有该做的决定和应承担的义务都推给别人，就不能由此卸掉他自己必须学会承担的责任。许多"供养式婚姻"就是这种情况，其中一方依靠另外一半过着寄生虫般的生活。在一些婚姻中，一方认为可以通过向另一方提供物质保障而免于在情感上给予对方真正的关注和为对方承担责任。还常对对方说："你已经拥有了你想要的一切，你到底还想要怎么样？"然后，他认为自己就有权走自己的路了。这会导致被供养的一方要求越来越多并被逼到物质要求和物质满足的层面，最终接受了这样的角色，放弃了满足自己更重要的需求。

在这个阶段，人们要用新的方法来克服对失去的恐惧。孩子认识到了自己意志的力量，开始运用它将"你"和他自己捆绑在一起。于是就产生了各种胁迫的形式和想要获得力量拥有你的形式。这就有了对伴侣提条件的可能性，比如他应该怎样，应该如何表现，这样他就不会被抛弃。那么他就不再是作为人被爱，而是成了一个功能性的东西，成了各种条件的履行者，这种情况可能以不同的形式和程度表现出来。一个人越少考虑自己的自我意识和权利需求，所产生的后果就越具有灾难性。"如果你不愿意，那我就使用暴力"，这就成了相互关系的基调。父权制尤其助长了这样的倾向。妻子歇斯底里进行报复，丈夫则不知所措，既不理解，也不能适应，甚至连学者和科学家们也为此绞尽脑汁，不断发明一些新的"科学解释"，囿于自身的局限，他们也没有准备将女性的歇斯底里自然而然地与已

第5章　索取型的爱

经存在的男性特权联系起来。

女性的"婚姻义务"甚至被立法，也就是说，要求她们"顺从男人的意志"。这当然是有利于男人并使他们称心如意的。不过，当一些事物发展到本质上和整体上都被滥用和曲解的时候，往往也会遭到反噬。男人摧毁了女人爱的意愿，但就像一句关于俄罗斯女人的俗语中所明确表达的那样，"你永远也占有不了我的灵魂"。人们无法强迫任何人去爱，相反，爱逃避的就是强求。在这样的基础上，性反常的两性关系发展到了病态的地步。也正是在这样的基础上，自然而然产生了女性解放运动。对此，男性天真地感到惊讶，无异于白人对黑人起义的态度。我们总是认为自己可以随心所欲，不顾他人的感受，而忽略了这种想法就像回旋镖，无疑会以致命的方式向我们袭来。即使不是今天，明天它也终将到来，而且不幸的是，届时子孙后代大多要为父辈的罪孽赎罪。

如果在人的天性中没有这些与此相关的东西，那么所有这一切也许就不大可能达到这种程度。假如是这样，我们就应该更加注意，不要在孩子的教育上很早就走错了岔道，过早地唤醒我们天性中一些片面的可能性。在我们身上虽然有这些片面性存在，但也只有在特殊的社会及家庭条件下才会产生如此绝对化的危险。

作为人的本性的一种可能性，我们天生就有统治或者服务愿望，并可能因为天性和教育而变得过分。有关男主人和女奴隶、女主人和男奴隶的幻想，折磨与受折磨、强迫与被强迫的意愿一直存在着各种可能的版本。天性和喜好各不相同的人们能在多大程度上迎合这点，似乎不像人们一般认为的可能和性别有关，而更多的可能是与个人的天性和社会环境有关。一般而言，经济上和其他方面的依赖性容易使人卑躬屈膝，权力和优越感则有可能导致滥用个人地位。此外，在不同的时代，性幻想的对象也各不相同，比如行吟诗人和宫廷抒情诗人也是他们那个时代文化与社会的代表人物。

由于时代的变革，几乎所有领域都产生了调整并有了新的发展方向，各种社会与科学知识以及经济变化都对伴侣关系产生了影响。首先，这让伴侣关系变得不稳定，并且使这种关系变成了试验场。通过权力和占有形成的婚姻依赖关系变得越来少，因此滥用权力和占有的可能性也变少了。相比之下，对物质的依赖性上升了，人们更关心的是伴侣能提供什么，身份象征具有很大的魅力，拥有它并一起享受常常成为相互关系最重要的动机。

把亲密关系当成一种成就来评价，也使伴侣关系变得愈发困难。科学研究对人与人关系中的孤立因素进行了调查，例如性欲，并且在这方面取得了看似真实的见解。科学研究是这么宣传的，我们也就普遍地虔诚地予以接受。由于科学研究探求的是普遍有效的标准，因此，笃信科学的我们越来越害怕会不符合这些标准，或者成为特例。这种可量化的东西在活生生的人身上占主导地位，不让我们承认我们个体的特点，而是认为必须要按标准来衡量我们自己，但这些标准可能只是一些关于"普

第 5 章 索取型的爱

通人"及其行为经验的依据。如果说,过去人们是用过于理想化的要求来衡量人的爱情关系,那么在今天,人们则是用量化的标准来衡量。生殖能力和性欲高潮能力成了要求。如果在进行孤立的因素观察时忘记了活生生的整体性,那么对个体所做的特殊研究会变得更加危险,因为正是整体性在整个生活中赋予了个体观察以意义和正确的位置。如果说在 1900 年,因排斥性欲而产生了许多神经症患者,那么到了今天,这种情况也不见少,其原因在于人们害怕无法达到一个标准化的指标。而人们未加考虑的是,需要哪些前提条件才有可能实现这些标准化的指标。我们迫切需要的是一种将各专业领域的单一观察研究重新置于具有决定性综合意义审视之下的科学,而非只是罗列各种现象并从中得出各种各样的规范。

我们越是看重物质，占有意识潜入伴侣关系中的危险就越大，"你属于我""你是我的财产"诸如此类的言论也就越多。所有权也就成了克服对失去的恐惧的一种新形式。例如，婚姻的合法化在支持这类所有权的观念方面发挥了一定作用，这种意义上的婚姻契约也常常被误解。原本是一个决定、一种相互信仰，却变成了一个带有某种权利和义务的契约。而如果这种关系不稳定了，人们就可以将这个契约撤回。在完全占有欲和独占欲的背后，绝大多数情况下都是嫉妒在作祟，越是追求这种占有欲，嫉妒的表现就越激烈。与这种嫉妒做斗争，人们要有自己的基本态度，因为嫉妒会让人们越来越多地束缚伴侣，甚至会采取极为荒诞的方式，使其成为自己的独占对象。那么与此同时，受到如此对待的伴侣也必须积极主动地争取自己的自由。

Die Fähigkeit zu lieben

第 6 章

完整的爱

第6章 完整的爱

四至六岁左右,孩子渐渐脱离婴儿期,成了一个小大人,这个时候他也会对自己的父母提出新的要求。他开始寻找自己成长的榜样,不想再一味地顺从,不想再像他成长的前一阶段那样循规蹈矩,而是想要成为一个能被认真对待的完整的人。同时,他期待自己的父母是令人信服的人,在生活中既不专制独裁,也不是失败者。在这个发展阶段,孩子也开始有了自己的性别意识。在最初的几年中,性别差异实际上几乎没有起什么作用,甚至没有真正地被意识到，孩子对此还不感兴趣。现在就不一样了，孩子对身边的环境和一切越来越感兴趣，同时越来越有能力进行语言表达，他自我观察和观察外界，并进行比较，这都是其内在发展的表现，同时他也到了拓展人生经验的重要发展阶段。

在这个年龄阶段，对知识的渴求是主要的外在表现。孩子觉醒的性别意识成了引发许多问题的导火索，尤其是他们探索的冲动和求知的好奇指向了生育和分娩的秘密：比如，孩子是从哪儿来的？他们是怎样来到妈妈肚子里的？他们是如何被创造出来的？孩子会直接或者变相地提出这些问题，并且想要知道答案。如果父母在这里拐弯抹角，没有坦然地回答，那么孩子的性别观就会受到极大的困扰。他会感觉这样的问题是不受欢迎的，会让父母觉得尴尬并回避这些问题，或者给他不真实的答案。这会导致他以后不敢再提问，并且根据自己目前对世界的认知，形成某种自己的理论。比如，孩子是从肠子或者肚脐中产生的，是通过一个吻而产生的，等等。这样所产生的副作用是抑制了孩子研究与认知的渴望，使其长期处在幼稚的状态。从此以后，他们有了身体的禁区和行为的禁忌，不再敢于坦然地探究和面对自己感兴趣的一切问题，就算他们敢于这样做，也会充满恐惧和负疚感，因为这样做会触犯禁忌。

在20世纪的头几十年里，父母们从不触及与性有关的问题，这是极为普遍的现象，因为在那个时代有许多关于性的禁忌。那个时候有一句常见的俗语说，如果人们看到了父母的裸体，眼睛就会失明。这是一个非常极端的例子，我们在今天几乎是完全无法理解的。所有这一切都限制了我们对自己身体的愉悦感。这个年龄的孩子对自己的性别有了更加强烈的意识，会产生与自己的性别相关的骄傲的肯定或是尴尬之情、耻辱感。由于他们的性别意识发生在儿童早期，所以在消极的情况下会严重阻碍和干扰孩子爱的能力的发展。

孩子在这个探索的阶段，有两种本能的追求发挥着重要的作用，它们也是爱情生活中不可缺少的，即窥探欲和展示欲。对孩子来说，想揭开和看到被隐藏、被遮盖、被掩饰的东西，这是最自然不过的事情。同样，孩子也想毫不掩饰地如实展现自己原本的样子。如果这些倾向被严格禁止，孩子产

第6章 完整的爱

生了过度的耻辱感和负疚感，就会带来极为严重的伤害。也许耻辱感和负疚感对于自然的事物而言是根本不必要的、无意义的吧。但是这是由集体规则和习俗决定和确定的，每个人都很难从中逃脱，尽管他们不理解这些东西的合理性和必要性。我们说的是自然的耻辱感，这主要与我们身体的排泄功能有关，并且似乎是属于我们本能的行为，并不需要后天习得。至于说到性别，每种文化中关于耻辱感的界线也各不相同。虽然想要人们理解禁忌的正面意义和正面结果可能会很困难，但可以肯定的是，它所带来的消极后果更容易被大家看到。这与完全释放性欲没有任何关系，有些人甚至希望用释放性欲来治愈自己。一方面要了解自由的后果，另一方面要认识禁忌的后果，在人类世界中要平衡这两方面并非易事。自由太容易和肆无忌惮混淆在一起，禁忌又太容易被滥用，成为对生命的限制。自由与必要的限制之间健康的界线到底在哪儿呢？当我们做决定时，什么才能成为我们的依据呢？依靠我们的直觉显然是不行的，否则我们人类早就应该找出可靠的解决方案了；依靠我们的经验也是不行的，因为经验是变化的，而且它们还有赖于不断变化的条件；靠我们的认识也不行，因为我们的认识有局限性。此外，对自由的利用和禁忌的必要性取决于个人的发展或者一个集体的发展，自由没有普遍适用的衡量标准。显然每一种文化都创造了属于它的自由和禁忌的标准，每种文化都需要或者认为它需要这些标准以使其继续存在下去。从历史视角来看，我们可以得出这样的结论，不管是哪种极端，通常都会被另一种极端所代替。因此，完全的性自由和取消一切禁忌肯定也是过去几代人极端禁忌的结果。显而易见，我们是从我们的行为方式所造成的后果和我们所犯的错误中不断吸取教训的。但大多数情况下，我们只是学到了如何不再做这种事，至于如何做得更好，显然是更有难度的。

现在，让我们再回过头来看看窥探欲和展示欲。自然和健康的羞耻感与过度的羞耻感两者的界线到底在哪儿？如果用在孩子的教育方面，我们应该允许孩子做什么，不允许他们做什么呢？如果不考虑那些道德准则，我们可能会说：我们应该允许孩子有窥探欲和展示欲，把它当成一种与年龄相符的需求，如果不压制和挑战它，它就能自我调节。我们也不应该强迫孩子做任何他自己不情愿做的事情。对窥探欲和展示欲进行粗暴的压制会导致对欲望的压制和干扰，或者导致这些欲望固着化。正如被禁止的刺激反而会形成一种特别的吸引，与其发展阶段相符合的冲动由于压制而郁积，结果造成更为强烈的需求反弹。在"性与爱"这一章节中，我们就提到过这一点。

窥探欲和展示欲属于情色欲望，毕竟我们是用眼睛来看这种令人渴望的景象的。当下的时髦服装就是通过大胆的展示和适当的掩饰来满足人们视觉上的欲望的。在儿童时代，对性别特征的肯定或者否定的最初经验就与此有关，孩子会对自己的男性或者女性特征留下最深刻的印象。精神分析研究已经进一步表明，在这个阶段，孩子第一次经历性别特征冲突。小女孩为了赢得爸爸而与妈妈较劲，小男孩为了赢得妈妈而与爸爸竞争，类似的情况在兄弟姐妹关系中也会反复发生。一个人是否能获得一种对自己的性别角色健康和肯定的观念，作为男孩或女孩是否感受到自己的可爱和爱的能力，是否能够在自己或他人身上发展健康的男性或女性的关系，在很大程度上取决于如何处理这样的家庭状况。

孩子与父母和兄弟姐妹一起的经历；拥有男性和女性榜样，并能够借助这些榜样进行自我身份认同，以及如何从他自己的角度效仿父母，对他的发展都具有深刻的影响。当孩子进入青春期时，会再次利用这个阶段所获得的经验并将其转移到新的伴侣身上，或者像他最初获得这些经验那样，期待着从新的伙伴那里得到同样的反应。他对伴侣的选择、对男人和女人以及性的态度、对自身爱的能力、对自己所爱的信任或不信任，都源于这个发展阶段。所以，在好的情况下，这个阶段给我们带来了爱的能力的其他组成部分，即对我们自己性别角色的肯定以及获得异性的青睐和倾心于异性的倾向。

然而在这个阶段，我们爱的能力也受到了各种危险的威胁。其中一点是，孩子太过于依恋自己的父母或者父母中的一方，使他的好感和爱慕过早地具有性的特征，他察觉到他的某些行为方式（例如，卖弄风情或者鲁莽胆大）特别讨人喜欢，并且越来越依仗这些方式。或者女孩发觉，能通过温顺的柔情将母亲或者兄弟们从爸爸身边排挤掉；男孩能通过对母亲的关照将父亲或者姐妹们从母亲身边排挤开。在一段不幸的婚姻中，当孩子成了伴侣的替代者，尤其是在青春期的时候，如果父母与孩子的关系太过于紧密，将导致孩子固着于父亲或者母亲，成为恋母的儿子或恋父的女儿，或者回避竞争和回避征服一个新的伴侣。在父母和伴侣分开或伴侣死亡之后，这种关系的危险性尤其大。随着岁月的流逝，儿女变得愈发恐惧，害怕在选择新的伴侣时证明自己，也不敢开始一段新的关系。

拒绝的后果往往会更糟糕。在这个阶段，如果父母中异性的一方没有接受和肯定孩子，就会让其产生深深的自卑感。如果孩子在青春期一再被拒绝，其认为自己是可爱的信心就会被彻底地动摇。不被母亲接受的儿子会变得不信任或恐惧女性，即使他不仇视女性，这也可能成为他性行为偏差的根源。不被父亲接受的女儿产生的自卑感会影响她女性部分的特质，这可能导致她对男性产生敌意甚至仇视男性，受到鄙弃的女儿会随便与一个男人在一起，或者为了报复父亲，选择嫁给来自另外一个社会阶层或者另外一个文化圈的男人，从而使父亲蒙羞。女儿知道这样做尤其能伤害到父亲，父亲也会用剥夺继承权并将她逐出家门的方式来让女儿付出代价。

在有些情况下，儿子或女儿也会处于一种家庭的三角关系中，并获得满足感。在这种家庭中，能明显地感受到父亲喜欢女儿和母亲喜欢儿子都胜过各自的伴侣。母亲爱儿子胜过丈夫，在儿子面前或者丈夫的背后贬低丈夫，导致儿子根本无须与父亲竞争，因为他根本没把父亲当回事。这会导致以后儿子经常闯入别人的伴侣关系中，做他人的情人，直至抢走别人的女人。如果父亲喜欢女儿胜过妻子，那么也会在女儿身上发生同样的事。她也会不断地寻求胜利感，抢走其他女人的男人，她同样也固化在童年时给了她很多满足感的这种家庭环境中。如果父母对伴侣的排挤胜过对伴侣的好感，那么孩子的情况大多如此。在这种问题上，总是种瓜得瓜，种豆得豆。

人们无法用典型的事例来描绘生活的变化多端，但也许从所描述的例子中已经可以看出，我们在多大程度上会依赖我们的过去，并且在多大程度上对无意识的重复性强迫不自知。通过这种重复的强迫，我们不断地试图找到曾经带给我们满足感的东西。尤其重要的是，父母既不要将自己的孩子过紧地束缚在身边，也不要否定他们是有性别特征的人。最常见的情况之一是喜欢女儿胜过儿子、喜欢儿子胜过女儿，或者要么儿子，要么女儿在家里更受器重。尽管父母尽力维持公平，但是在公平背后的好感仍然是不一样的，这是能被感受到，也能被理解的。父母是孩子的命运，孩子也是父母的命运，这是无法避免的。父母喜欢一个孩子胜过另一个的情形总是会发生。重要的是，不论在什么情况下，家庭都不是一个近亲繁殖的封闭系统，应该让孩子有机会在家庭之外寻找伴侣，并不去阻碍他。

正如前面已经讲到的，当青春期到来时，在早期阶段获得的对自己和另一个性别的经验和观念被重新拾起，并因为觉醒的性欲要求变得更加强烈。如果女儿与父亲、儿子与母亲的关系过于紧密，孩子就会为此付出高昂的代价。母亲不能容忍在身边出现一个可能对自己构成危险的女人，她宁愿让儿子与一个她能够驾驭的无足轻重的女人结婚，母亲的自私在此表现得淋漓尽致。对她而言，让儿子始终保持对她的忠诚比他找到一个他重视的女人更重要。而父亲想让女儿保持对他的好感，只乐意接受一个自己镇得住的男人，他要让这个年轻人知道，父亲能给予女儿的要比他能给予的多得多，要让这个年轻男子随时感受到他实际上只是女儿父亲的一个可怜的替代品。在无关紧要的情况下，父亲可以提携女婿并待在其身后，但仍然能明显地让人感觉到父亲本人对女儿来说是更重要的。在这两种情况下，孩子很难自由地、没有后顾之忧地专注于自己的伴侣。在某种程度上，与其说他们的角色是妻子和丈夫，不如说他们仍然还是女儿和儿子。在绝大多数情况下，他们的伴侣会感到自己只是个身处第二位的点缀品，也很难扮演好自己的角色。

在儿童或是青春期这两个发展阶段，孩子作为有性别特征的人，为自己找到一个健康的关系定位是如此重要。对他而言，在最早的伙伴中找到具有典范操守的人并接受他的爱也是如此重要。"典范"并不意味着非常高的智商或者非常有成就，而是指人性的可靠，特别是正直坦诚。人不仅仅需要被爱，还要自己能主动去爱，对于年轻人来说重要的是，既能够感受到父母的可爱之处，又能够感受到自己的爱对父母的意义。

Die Fähigkeit zu lieben

第 7 章

伴侣的选择

第7章 伴侣的选择

任何事情都有一个开端，人们在选择伴侣时也一样。但我们往往忽略了，其实我们在选择之初已有了一些设定，而这些设定对我们关系的进一步发展已然产生了影响。有些决定的动机往往是命中注定的，无论我们是有意识还是无意识地做出决定。越是受到一时的愿望或需要的影响，我们越是要争取实现它。有一系列典型的动机，在任何时代都存在。当然，不是每个人都注定能找到与他心目中的伴侣形象尽可能一致的另一半。对此，人们几乎是无能为力的，也无法用计算机计算或类似的方式去寻找。恰好，在选择伴侣时，产生的吸引力是非理性的，摆脱了任何的计算。菲利普·梅特曼（Philipp Metman）在他的《神话与命运》（*Mythos und Schicksal*）一书中写道："爱使那些认识它的人着迷，这是爱的本质的一部分。只有那些不被它的魔力迷惑的人才能看清它。"这种被爱触动的感觉在我们身上具有强烈和震撼的力量，在所有时代和民族当中都不乏与此相关的诗作。

但也不是在每个人身上都会发生这样的情况，要么他没有遇到一个能如此令他着迷的人，要么他出于自我保护或是其他动机而避免自己受到伤害。

不过，如果我们不考虑这种常常是突如其来并出乎意料地被爱触动的情况，我们心中一般都或多或少有明确的想要寻找的理想的伴侣形象，以及清晰的或是不确定的动机，而且这些动机都足以影响我们对伴侣的选择，它们本身已经带有一些命中注定的因素。把理想化的想象中的伴侣当作自己的情人，这与出于疯狂热恋或出于对伴侣关系现实的热情和无知产生的年轻人的理想化毫无关系，而是与想要和对方共同发展的愿望有关。我们在这里寻找的是一个补充自我的"你"，我们希望在相互的爱中，能彼此协助，实现最佳的自我。这样的爱让我们相信发展的可能性具有某种相互的义务，让我们彼此感受它本身就包含在内的要求特征，唤醒怀着最成熟的愿望共同生活下去的情侣双方深藏于内心的最佳状态。在相爱和相互理解中，我们越来越接近对方，"你"渐渐成为自我的一部分，而不是在共生融合中放弃自己；相反，这样的爱能够使两个人都发挥出自己的最佳发展潜能，又总是不断地相互激励着对方。也许这就是爱最成熟的形式，是所有爱的意义所在：有益于对方，帮助彼此获得更高的发展。C. G. 荣格（C. G. Jung）也有类似的见解，他这样写道："起初，自性化的渴望往往隐藏在一个人对另一个人爱的激情之中。与此同时，超越了符合人类天性的对异性的好感，最终落脚点是自我完整化的秘密。这就是为什么当一个人热恋时，会感觉与自己的爱人融为一体是人生唯一值得追求的目标。"当然，这需要我们认真对待自己、对待对方以及双方共同的关系，归根到底就是有进一步发展自己的渴望。

我们不能忘记这一点：爱情与和一个伴侣在有

第 7 章 伴侣的选择

约束力的情况下共同生活是两码事。如果这两件事能同时实现，那么大概就能达到最大的满足。我们每个人都有自己想要寻找的伴侣形象，但遇到这样的伴侣并不取决于我们的意志，而是命运使然或一种恩赐。而决定选择他和承认他，是我们所能掌控的。我们往往会忘记，爱是一种行动，而不是一种一直伴随着我们，我们不需要为它付出的状态。

不过，当物质保障成为选择伴侣的主要动机时，情况就大不相同了。爱和被爱就不再那么重要了，此时我们首先想要的是被供养，伴侣的能力、收入和今后能得到的养老金这些理智的想法和现实的考量变得尤为重要。此时，伴侣的选择成为算计，最好的情况是通过共同的目标和利益的实现来创造感情，最坏的情况则是将伴侣变成"摇钱树"，伴侣的唯一功能是提供最大限度的安全和保障。

我们想要寻找的伴侣形象有记忆的根源，又带有一些命运的因素。我们从父亲、母亲、兄弟和姐妹中第一次认识了异性，他们给我们留下的印象以及我们与他们的经历往往对我们想要寻找的伴侣形象产生了深刻的影响。这可能会产生两种截然不同的情况：经历过快乐，我们会再次寻求一个与童年时给我们带来快乐经历相似的人；经历过沮丧、失望，我们会尽可能寻找一个与曾经给我们带来失望经历完全不同的伴侣。由于我们都倾向于把过去的情感移植到现在的另一个人身上，所以我们会在不同程度上，在一种无意识的强迫重复下受制于我们的过去。如果和父亲、兄弟关系好，女性寻找的伴侣形象往往带有父亲或兄弟的特征，而男性寻找的

第 7 章 伴侣的选择

伴侣形象则会以母亲或姐妹为参照。与此相反,在母亲和姐妹或父亲和兄弟令人失望的情况下,人们则会尽可能去寻找不会让他们联想起早期伴侣的恋人,甚至有可能是一种完全相反的类型。

因此,我们早期与异性的经历通常会无意识地延伸到我们后来的亲密关系中。通常而言,我们可以预计,早期的幸福经历使我们更容易找到伴侣,因为那时我们内心已经有了一个清晰的想要寻找的伴侣形象,在其中我们想要再次找到某些特征和行为方式。而且如果我们之前与父母的关系很幸福,那么我们与伴侣建立良好关系的机会也就更大。如果和父母的关系很糟糕或者受到阻碍,就可能动摇我们对亲密关系的信心。而早期与异性的失望经历则没能让我们在心中留下一个我们想要再次寻找的伴侣形象，那么我们在寻找伴侣时就没有一个参照标准。但正如生活中的每件事都具有两面性一样，此事也是如此：渴望在后来的伴侣身上找到如愿以偿的关系会使我们更容易总是把他与原型进行比较，用原型来衡量他，以至于我们不能正确地评价他的性格特质，或是因为他没有按照我们的愿望重现我们想要寻找的参照标准而对他感到失望，我们与此相关的期望就落空了。我们对先前伴侣的失望也会使我们在选择伴侣时头脑更清醒和更有批判性，在选择新伴侣时尽可能避免选择相似的人，但会增加我们将孩童时期的负面经历投射到他身上的意愿。

由于这些原因，我们应该更加努力地意识到我们选择伴侣的动机。如果我们清楚地知道这些控制

第 7 章 伴侣的选择

我们进行选择的动机,那么许多伴侣关系可能就不会出现了。俗话说,"年少婚配,永无后悔",但这种情况是很危险的。在没有生活经验和没有与异性交往经验的情况下过早走入婚姻,通常会出问题。在过去的时代,女性要在结婚后才能有亲密关系,致使那个时代的女性不得不在几乎完全没有与男人相处的经验的情况下就走进婚姻,而在今天,这种情况要少得多。因为与男方的亲密关系被长期拖延下去,导致女性对新婚之夜要么期望过高,要么感到不安全和恐惧;如果男性在这方面也没有经验,那么会是一场或大或小的灾难。过早进入婚姻也会给进一步的伴侣关系带来麻烦,特别是在婚姻的后期。当到了这样一个年龄段,他们可能遇到新体验的机会在减少,然后他们会意识到,他们可能会在余生中与第一个也是唯一的伴侣捆绑在一起。因此，到了人生后半段，亲密关系会遭遇危机，往往会产生弥补之前不足的需求或是离开伴侣的情况。

我们今天所倡导的给予两性更大的自由，当然是更健康的。但我们也可以从中看到，有多少不同的条件必须同时出现，才有可能促生变化。长久以来，可能会怀孕是不允许女性在婚前有亲密关系的一个决定性因素。女性若是未婚先孕，要么堕胎，既危害健康又要受到法律的严厉惩罚；要么就会受到家庭和社会的排斥。这些只是其中涉及的主要问题。因此，避孕的一些方法对女性产生的影响比乍看之下要广泛得多，它们至少助力了女性解放，因为当女性可以主宰自己的身体，而不必对此像以往一样恐惧时，她们自然会更加独立。女性因此而获得的自由对其他领域和人们的看法也产生了影响，

第7章 伴侣的选择

并迫使男性重新审视和改变他们对女性的态度。

女性的平等权利——这一概念仅指法律层面的两性平等,更确切地说指的应该是两者等值,因为等值自然包括权利平等——这有助于两性关系的转变。谁能说得清女性解放运动在多大程度上是这些变化的结果还是原因?毕竟,它不是今天才开始的,只是缓慢得以推进的。与此同时,许多因素交织在一起,使之成为可能:工业社会的小型核心家庭给予了女性更多的时间和自由。在过去,一个女人生10个或更多的孩子几乎是很常见的,她的生活完全被家庭责任填满,因而女性的预期寿命也相对较短。工业生产需要许多人,而女性是比较廉价的劳动力(现在她们往往仍然是),直到她们越来越意识到自己受到压榨,与男性相比处于劣势,这反过来又成为女性解放的契机并煽动了"性别仇恨"。

选择伴侣的"正确"时机是一个问题。恰恰是因为两性之间的亲密关系被拖延了，所以在很大程度上促使人们认为，初恋就等同于一段持久的伴侣关系。过度强调女性的贞操也起到了重要作用——这种观念使女性在自由选择伴侣方面的处境变得极其艰难，因为失去贞操使女性在男人和社会的眼中失去了价值。关于女性"纯洁性"的奇怪想法与男性的虚荣心混杂在一起，他们想成为所爱女人的第一个男人，并占有一个未失身的女人。男性会嫉妒所爱的女人的前任，这种嫉妒往往源于他害怕被比较，害怕自己可能不是独一无二的、不是她的唯一。

第 7 章 伴侣的选择

年轻人第一次与异性交往的意义首先在于把自己从家庭关系中释放出来。他们去寻求家庭以外的人，向其表达好感，这些人也将给他们带来新的发展机会。如果女性不得不把她的第一次亲密接触看作一种固定的结合，那么她往往是带着脱离父母、家庭的动机进入这样的关系中的——这种动机自然是打下了一个非常成问题的根基，并且相应地会导致失望，当这种结合无论出于什么原因而无法再次解除时，失望就会变成灾难。席勒（Schiller）曾说过："因此要对与自己厮守终生的人进行考验。"他的这席话在今天还是非常有道理的，即使我们现在不想马上就谈及永恒。可如果一个来自良好家庭的女孩只能在社会层面而不能深入地去了解她未来的伴侣，当然，他的地位、家庭情况、职业和经济情况等也都是重要的现实情况，但她对他的爱的能力却一无所知，那么她应该如何对他进行考验呢？

当然，在某些文化和家庭中，是由父母来决定孩子的伴侣的。据我所知，没有统计数据表明，这些由父母决定的伴侣关系比自由选择的更好或更差。但无论统计数据证实了哪一种选择更好，这仍然不能说明真正的事实，因为这些选择都是和社会文化因素相关的。如果在一种文化中，根据经济条件或社会地位缔结婚姻是很常见的情况，而不考虑更大的个人选择的自由，那么这种婚姻很可能会像其他婚姻一样糟糕。像罗密欧和朱丽叶这样的恋人就成了这种文化观念的牺牲品。但如果在一种文化中，个人自由已成为一种价值观，并被置于高于社会规范的位置，那么我们必须考虑到这一点：我们是否能建立更令人满意的伴侣关系？这是一个悬而

第7章 伴侣的选择

未决的问题。固定的伴侣关系将永远有其问题，因为我们人类就是如此，我们有着完全不同的起始条件和个性，这使得找到一个普遍有效和令人满意的解决方案看起来是一种幻想。但不管怎样，将伴侣关系当作避风港，并不是真正解决问题的方案。因为这种逃避更多是针对父母或是社会传统，而不是针对伴侣，以此作为一种抗议也并不少见，但对一段亲密关系而言，这却是一个糟糕的动机。因此，尽管找到普遍有效的解决方案或规则很困难，但有一件事我们可以期望并要求自己做到：让自己意识到我们选择伴侣的动机。对异性的好奇心，或当下必须去"体验一下某些东西"，如感受一下梦幻般的海边豪宅或是保时捷，这些动机很快会变得不值一提，还会使伴侣觉得我们选择他的动机不是因为他的为人，而是看中了这些附属的东西。此时，对他来说，利用这些附属的东西来吸引伴侣在一定程度上也是有理由的。

的确，每个人会遇到不止一个伴侣。在我看来，无与伦比的"伟大爱情"与其说是一种邂逅，不如说是一种选择。而且我们也不能忘记，不同的人的伴侣关系和性吸引力是不同的，在被追求的机会方面也是如此，这一点永远不会改变。"美丽是一份危险的礼物"这一事实也不会改变，或者至少有可能因为选择越多，选择的痛苦便越大，选择之后也更容易上当受骗。如果你是一个受人冷落的人，那么你比一个被人追捧的明星更容易做到忠诚——当然，这并不能说明这两类人的价值。众多男女明星自杀和凄凉的晚年就是对他们选择伴侣的动机做出的回答。因为他们主要出于自我肯定而进行选择，而不是出于爱的意愿并对自己的选择负责。在许多人看来，花花公子和花花女郎是如此令人羡慕，但这些名称本身就表明他们还没有成为真正的男人和女人，这只能说明，我们迷恋甜蜜生活的幻想，而没有仔细观察，认清现实。与此同时，媒体自然会尽其所能地支持人们的这种幻想，因为它们靠制造这种幻想为生。

因此，我们已经提及了一个对所有伴侣关系而言都非常重要的主题：那就是无论是对我们的伴侣，还是对婚姻或是其他伴侣关系，我们都有幻想的倾向。显而易见的是，我们很难接受我们身处的人类的现实世界，也很难接受我们自己的现实状况，我们越不接受现实，越不去学会如何面对和对待它，就越需要或认为我们需要更多的幻想。

Die Fähigkeit zu lieben

第8章

没有约束的爱

第8章　没有约束的爱

我们曾试图描述小时候从母亲那里感受到的爱是如何塑造我们爱的意愿并对其产生影响的。我们现在来看看,那些完全没有经历过这种养育和肯定之爱或是体验得太少的人,他们的爱是怎样的。如果照顾者给孩子的时间太少,或者他们没有满足孩子对温柔、情感关怀和亲近的需求,幼儿没有充分享受过照顾者给予的皮肤接触(肌肤接触对孩子来说是如此重要),那么孩子就没有充分体验过依恋,从未完全信任作为他们人生第一依恋对象的母亲或父亲，因此，他们自己的爱的意愿也从未被完全唤醒。这样就会出现上述这种情况。而母亲可能是出于不同原因才会如此：她可能负担过重，她的伴侣关系可能出现了危机，致使她抚养孩子时没给孩子足够的关怀；或者这个孩子的到来是个意外，完全是突然怀孕、出生的；抑或是这个孩子和她的希望不符，例如在孩子的性别方面，或者孩子体弱多病，有身体缺陷。非婚生子女也使许多母亲难以充满爱意地接受孩子并给予其所需的爱，尤其是当他们要面对来自家庭或社会大环境异样的眼光的时候。难办的是，意外怀上的孩子成了人们结婚的理由，从而形成了一种也许是不需要的纽带关系，这种没有受到肯定的牺牲从一开始就成了负担。如果女性太年轻就做了母亲，那么她也无法给孩子足够的爱，因为此时的她几乎还是个孩子，无

第8章 没有约束的爱

法承担抚养孩子的责任。但晚期的意外怀孕也会产生类似的问题。当然孩子的父亲也在这一切中起着决定性的作用：他对怀孕、孩子出生以及家庭的态度是怎样的？他是否会利用孩子母亲受到孩子的限制，作为自己开启新冒险的通行证？他自己是否准备好为此做出牺牲？他是否会嫉妒孩子？或者对他而言，孩子只是麻烦和累赘？

在此，社会的、心理的、经济的、社交与性的因素总是交织在一起，一个人的幼儿时期也取决于这些因素，除了父母性格、各自的交际、家庭和个人因素外，他们的伴侣关系也受这些因素的影响。

但也有一些父母与孩子相处时没有保持适当的距离。他们对孩子的休息、睡眠和独处的需求毫无感觉，当他们自己想和孩子相处时，就随时闯入孩子的生活，带着孩子到处进入成人的世界，经受着成人世界的噪音、感官刺激和焦虑不安。其后果往往是，孩子像受到撞击一样，过多受到外界的影响，无法建立信任的基础，而信任本应是爱的意愿的前提，这使孩子被迫陷入不信任的防御状态中，把自己封闭起来，缩回到自我之中。

在本书中，我们并不想探讨个别儿童因严重被忽视或甚至被虐待而导致的命运的极端形式，幸好这些情况也非常少见。通过我们所描述的这些情况，我们只想说明与上述父母在一起的孩子在爱的能力方面会如何发展。在上述缺乏被爱的情况下，其后果通常是儿童在其周边环境中寻找那些能转移其依恋并信任的替代物。和那些情感吸收能力迅速

第8章 没有约束的爱

的孩子相比,周围环境中的物体、事物对他们而言更有价值。从幼年开始,他们更多的是依恋一些物品,而不是依恋人。对他们来说,娃娃和玩具,有时甚至是动物,比其周围环境中的人更重要。

在之后的爱情中,他们在共同的行为、共同的兴趣、共同的时空和共同的活动中寻求共同体。在亲密关系中,性行为也成为一种共享而又孤立的活动,每个人都是为了自己而体验,但他们又需要对方。这样一来,一种奇怪的"无约束的亲密关系"就出现了,它可以给人留下非常亲密的印象,却不是真正的伴侣关系。其共同点几乎仅仅在于那些一起的行为,比如,一同滑雪,去参加体育或音乐活动,或是一起参加政治集会,即在同一时间体验同样的事情,又比如一起看电视或打牌。这更像是一种同伴般的爱，比起得到同样的爱的回报，这样的爱少了一些激情。

如果父母越过亲子边界和倾泻情感，那么对孩子来说，其之后任何人际之间的接触都会成问题，并导致恐惧或多疑——与人亲近对他们而言成了不折不扣的危险和威胁。在这样的基础上，想要融合成为"我们"则非常困难，很难有共属一体的感受。这样的人倾向孤独，喜欢独处，不需要任何人，最重要的是他回避任何形式的依恋。他认为依恋是独立和自由需求的枷锁和限制。这样的人只肯在短时间内或很少进入一段关系，一旦他觉得这段关系把他逼得太紧，就会立即退出。他自己基本上没有奉献的能力，并认为伴侣的奉献意愿令人讨厌、让人感到诧异或是责任感过重。因为他将爱情

第8章 没有约束的爱

视为给人造成麻烦和带来干扰的罗曼蒂克或多愁善感。一旦他了解了生殖器官并有了性行为,那么性行为对他来说只意味着满足需求而已,性欲对他来说只是一种想要在某些时候执行的功能。只有当他难以找到和他有着同样感受的伴侣时,他的性欲才会成为问题。因此,他也可以毫无困难地更换与他相处的对象。在他看来,忠诚即使不是荒唐可笑的,也是令人费解的。

上述两种情况都可以说是情感方面的不达标,情感发展有各种程度的阻碍,最严重的是沟通交流无能。但这些都是极其少见的极端案例。与此相反,在大多数情况下,人们首先希望保持自己的独立性,同时也期望或要求他们的伴侣这样做。对他们来说,爱是一种充满激情的强烈体验,但它不会使他们产生任何依赖性,因为他们不会试图牢牢抓住它。他们害怕因为习惯和要求,因为合法化,使其更难和伴侣分开,而让这种体验变得平庸乏味。对他们而言,爱既不是安全感,也不是出于避免孤独的愿望,因为他们并不害怕孤独;爱既不是关怀照顾,也不是人们追求的持续的共同体,而是一种暂时的相遇,它产生的这种强烈感觉正是因为这种相遇不用承担义务,不受约束。他们知道这种相遇有时间限制,也不想坚持下去,所以是无条件并具有新鲜感的,而这种新鲜感恰恰只是在相处刚开始时才能有的短暂体验。

诚然,这种时间限制并不分明,越过这条界线,这种激情就会趋于平淡,导致频繁更换伴侣,不受约束成了习以为常的事情,伴侣的数量便取代

第8章 没有约束的爱

了质量。那么，人们就不再想要体验爱的深度和给人带来的强烈感觉，而只想要不受约束的感觉，这就变成了单纯的需求满足，既不想有任何后续瓜葛，也不想产生任何的人际关联。

在某种意义上我们可以说，人们不会让那种强烈的体验感持久地存在并成为习惯，只有这样才与爱情最相符。如果人们的爱带有其他目的，比如，希望获得安全感、经济保障，以及以伴侣关系的有效形式融入社会，渴望依赖或者占有伴侣，那么就容易给爱带来压力，使爱受到质疑。自由、无拘束的爱没有任何负担，因此可以说它是最纯粹的爱，因为它想要的只有爱。然而，它也有它的问题，这样的爱与利己主义仅一线之隔，因为利己主义的人不想承担义务。也就是说，在自我保留中，独立和自由比亲密和负有责任的关系更重要——在这种关系中，一个人能全面地袒露自己，并为自己和伴侣提供发展的可能性，而这些发展的可能性在有限的时间里是无法体验到的。因此，最终留给孤独者的爱的形态就是无约束的爱，他们回避婚姻，回避组成家庭，或者他们根本就找不到能促使他们走进婚姻组建家庭的伴侣——当这样的情况出现，谁能判断哪些是命中注定的，哪些是保留自我造成的呢？

Die Fähigkeit zu lieben

第 9 章

恐惧——爱的障碍

第9章 恐惧——爱的障碍

恐惧是我们生活中不可避免的组成部分。当我们发现自己处于一种没遇到过或还没有能力应对的情况时,恐惧就出现了。在这种情况下,我们感受到的是我们的无力、无助,或是我们的依赖性。但恐惧不仅仅是消极的,它对我们来说有双重功能:一方面,它是一个信号,是对危险的警告;另一方面,它又包含激发作用,即克服恐惧的动力。因此,在每一种恐惧中,总是既存在着威胁,又存在着机会:一种敢于迈出新发展步伐的机会，通过跨越恐惧设置的边界来克服障碍，从而让我们的处事能力也迈出新的一步。因此，深入分析我们的恐惧可以帮助我们变得更强大并学到丰富的知识。

恐惧的形式多种多样，这是由我们个人的禀赋和生活条件决定的，但有一些恐惧是我们大家都熟知的，也是我们必须经历的，因为它们属于我们的人性，属于我们在这个世界上的一种心理状态，是我们的依赖性所赋予的。我想将其称为"基本的恐惧"，它们反映了生存所需的四种要求之间所处的紧张状态，而这些要求是我们要予以履行的。当我们第一次遇到这些基本的恐惧时，即在我们的童年，我们就能够最好地理解这些恐惧。我们每个人都有一段恐惧的历史，并且从我们出生时就开始

第9章 恐惧——爱的障碍

了。早期的恐惧对我们的发展特别重要，因为我们后来面对恐惧所做的准备以及克服恐惧的方法在很大程度上取决于我们早年所遇到的恐惧的程度。而我们成年后的恐惧也取决于我们在那个时候得到了什么帮助、受到了什么保护以抵御恐惧。因为在儿童早期阶段，我们特别需要外界的帮助来克服恐惧。

我们再来单独看看生活对我们提出的四种要求，以及属于每一种要求的恐惧。

第一个要求是，从出生开始，我们应当信任世界和生活，我们应当对我们的存在说"是"。在我们的生命中，我们再也不像在出生后的头几周那样完全依赖和无助地把自己交由周围的环境；再也不像在这段时间那样，必须同时适应这么多新的东西，还无法表达自己的需求和困难，无法让别人理解自己，无法为自己辩护。所以，这种无助的体验是对我们整个生存的威胁。因此，这种完全听任摆布的状态、无助和无自卫能力的依赖、缺乏安全感和周围环境对我们的自有本质带来的影响，就是我们最深和最早的恐惧的基础，我们称其为生存的恐惧。

我们身处的早期环境对我们是否能在逐渐发展的信任中找到对抗这种生存恐惧的第一股力量，有着决定性的意义。要做到这一点，我们必须体验到人和事物的可靠性、稳定性及其定期回归，通过这样的方式，我们慢慢地熟悉它们。熟悉人和世界是信任的基础，而信任的能力是保护我们对抗生存恐惧最重要的方式。只有通过父母给予的安全感带来的可靠的亲近感，我们才能够化解恐惧，并在这个世界上获得家的感觉。

然而，如果在这段时间里，我们的照顾者或生活环境频繁更换，我们就会感到无所适从；或者完全相反，如果我们孤独和被遗弃，则会体验到世界是空虚的，因为这个世界给我们的刺激和给我们留下的印象太少，令我们感到害怕，它给我们的感觉是充满危险或充满敌意的。孩子不能以信任的态度面对世界，反而是从小时候起就发展出一种深深的不信任感，这将成为其整个存在的基本情绪。

如果一个人在这么小的时候就有了这个世界是令人害怕的或是充满危险的经历，出于一种保护，他就会在面对这个世界的时候保持谨慎怀疑的距离。任何跨越这个距离的行为都会引发他的恐惧，给他带来威胁的感觉，他会用攻击或防御行为来进行对抗。因此，对他而言，每一次靠近都可能是一种危险。这使得所有的人与人之间的接触，特别是情感上的接近，尤其显得充满危险，因为在这种情况下，我们与另一个人的距离最近。因此，他会努力争取最大的独立性，以便不依赖任何人，也不需要任何人。但这样也就导致了越来越严重的与世隔绝和孤独感，反过来又增加了恐惧的预期，因为和那些能在熟悉的归属感中体验到一些安全感和受到保护、免受恐惧的人相比，孤独的人总是更容易受到恐惧的影响。

正如在我们的生活中，当我们感到恐惧时也总

第9章 恐惧——爱的障碍

是如此。在这里,接受恐惧能给人们带来帮助,而单纯地回避只会加剧恐惧,因为恐惧会在人们内心聚积起来。通过对恐惧的深入分析,我们可以发展出克服恐惧的力量;通过敢于去做那些恰恰是令人感到害怕的事情,可以让我们找到最可靠的应对恐惧的方法。精神分裂症患者与周围的人际关系在最初阶段就受到干扰,因此他必须学会信任,必须敢于从孤独的寒冷中走出来,与人近距离接触,感受温暖。只有这样,他才会获得新的经验,从而帮助他化解早期产生的不信任和恐惧。

幸运的是,人类这种完全听任摆布的状态非常短暂,孩子表达自己的需求、使自己被周围的人理解的能力马上就会变得越来越丰富。在这种情况下,他们的需求很快就被环境所理解,他们表达自身需求的能力也会不断发展。经历过这种最早的恐惧即生存的恐惧之后，我们很快又面临一种新的恐惧，即当孩子认识到照料者是所有安全和需求满足的来源时，以及这个照料者因此成为其存在的最重要的参照点时，孩子对照料者的依恋意识会变得更强。他需要并寻求照料者的陪伴，如果照料者离开，孩子就会感到害怕。我们明白了什么是依恋，也就了解了所有我们可以称为分离焦虑或害怕失去的恐惧的原因之所在。这类的恐惧将伴随我们度过余生，尽管这些恐惧通常不会再像童年时期那样，给我们带来如此强烈的感受，但我们爱得越深、被爱得越深，我们要失去的东西就越多，并且就越会感受到失去的恐惧和威胁，而这种恐惧是没有终极保障的。

第9章 恐惧——爱的障碍

期望是我们忍受分离所需要的反作用力,但我们期望的能力也有它的发展史,这与我们在童年时的期望常常能得到满足的经历有关。我们在小的时候体验到母亲离开我们了,但在我们需要她的时候她会回来,只有这样,我们才能学会满怀信心地去等待。通过这种方式,我们慢慢体验到不会被抛弃的安全感,可以无所畏惧地忍受母亲的离开。有了这样的早期经历,我们在日后的生活中也将更容易经得住挫折、离别、分离和孤独,因为我们已经学会了期望和相信,获得了一种乐观的基本情绪,这对我们一生而言是一笔宝贵的财富。

这样的安全感能使我们与父母之间有良好的亲子关系,只有在这种安全感的基础上,我们才能实现生活对我们提出的第二个要求:发展成为一个独立的个体。然而，如果我们在童年没有这样快乐的经历，那么我们在今后则会对分离和失去感到害怕和痛苦，甚至会上升到恐慌的程度。即使是短期的分离，也会重新激活我们过去对孤独的恐惧，这种恐惧使我们在童年时陷入绝望。如果我们没有建立起这种安全感，那么离别、分离对我们而言就好似已成定局，是无法改变的事情，就好像世界末日一样，让我们失去了对生活中可能还会有新体验的期望。

如果父亲或母亲不值得信任并且态度冷漠，如果他们让孩子长时间一个人待着，以至于孩子永远不知道父母是否会回来，什么时候会回来，那么孩子在每次离开父母时都会害怕。长此以往，孩子始终处于一种持续的恐惧的依赖中，将自己与照料者

第9章 恐惧——爱的障碍

捆绑在一起,他的关注只集中在如何能紧紧抓住照料者这一点上。

同样,那些通过溺爱把孩子和自己捆绑在一起的父母觉得孩子有感激的义务。宠爱别人的人也希望被自己宠爱的人所爱,因为他需要对方的爱。这样的母亲或父亲千方百计地把孩子和自己捆绑在一起,不能放手让孩子自己去发展,因为他们害怕失去孩子。通过这种方式,父母禁止孩子所有的独立行动,并希望孩子尽可能不要长大,因为父母需要并依赖他们。这样一来,孩子也无法学会去认识自己的力量和能力。孩子仍然不能独立,也不知道应该如何与这个世界打交道,因为母亲总是会插手干预,并从孩子那里夺走一切,把她的利己主义伪装成为过度的操心。这样,孩子仍然依赖父母,无法离开他们，因为没有了父母，他们就会觉得很无助。

如果一个人在这种害怕分离和失去的恐惧中长大，那么在他看来，避免这些恐惧的唯一办法就是今后在他的情感关系中始终尽可能寻求最大的亲密度。这样的人总是想要和自己的伴侣在一起，和他一起做所有的事情，和他依赖共生，想和他成为一个如此亲密的共同体，以至于那条你我之间会引发恐惧的边界似乎都被撤销了。可现在，为了避免恐惧而寻求尽可能和他人保持紧密联系，却又增加了自己的恐惧，因为在这种方式下，人们并没有学会独处，以至于即使是短暂的分离也会让自己陷入恐慌。

第9章 恐惧——爱的障碍

在这里，唯一能帮助我们的就是学会与对方保持健康的距离，这能使我们首先发展成为一个独立的个体，我们能独立到在自己身上找到如此多的支持，从而不需要在另一个人身上寻求得到所有的支持。一些看似只为对方而活而自己却什么都不需要的自我牺牲的爱是在过长的对父母依赖的基础上产生的：人们无意识地重复着旧有的经验，似乎只有在自己被人需要的时候，才能保证不会产生分离焦虑，自己也就不会那么容易被抛弃。因此，在伴侣关系中，人们要么自己扮演父母的角色，试图让另一半成为依赖父母的孩子；要么扮演孩子的角色，把伴侣推向父母的角色，让自己显得很无助，表现出自己没有另一半就活不下去的样子。

这些人在童年时期曾经具有过度依赖的背景，

这些患有抑郁症的人的悲观态度是他们对生活最为深刻的基本感受。他们总是生活在可能会失去的威胁感中，害怕一旦稍稍松开伴侣的手，就会陷入孤独和被抛弃的境地。他们害怕给自己或是给伴侣独立自主发展的机会，害怕和伴侣划分健康的边界，因为任何一种独立似乎都会威胁到他们之间这种过于紧密的纽带。然而，这也是对抗害怕失去的焦虑的唯一力量。因为一个人越是独立，越能独立，就越不需要完全依赖于他人。

随着孩子变得更加独立，他会想要脱离与父母的紧密联系。他的自我意识发展得也越来越快，学会走路和说话，从而变得越来越独立。当孩子有了新的能力，他此时就会第一次与身边的环境和人发生冲突；当父母要求他遵守某些秩序，给他设

第9章 恐惧——爱的障碍

定规矩和禁忌时，他的意志就会与父母的意志发生冲突。从父母对其行为的反应中，孩子学会了区分什么是允许的、什么是不允许的，并能体验到自己如果听话就是表现得好，如果不服从就是表现得不好。因此，他又经历了一种新的恐惧：对犯错和惩罚的恐惧。孩子第一次在自己的心里体验到恶的存在，并开始理解其行为和行为产生的结果之间的因果关系。在一个有着活泼的秩序和理解孩子的氛围中，在为其设定了必要的限制，也没有专制驯服或无情强制的情况下，孩子可以开始学会健康地自我控制，并学会批判地审视、分析权威及其要求，独立地做出判断和决定。这将逐渐使他理解某些秩序的必要性，并成为他道德价值意识的基础。

我们对犯错和惩罚的恐惧，也可以称之为良知恐惧，我们在儿童时期经历过的这种恐惧的强度又一次起到决定性的作用。父母一成不变的、有原则的和专制的行为方式，严厉的惩罚和难以获得的原谅，使孩子产生一种预备的内疚感和对惩罚的恐惧，这可能会完全剥夺他冒险的勇气和自己承担责任、做出决定的能力。尤其是，如果过早地告诉孩子戒律和禁令，而这些不符合孩子年龄的指令和禁忌又要求过高，就可能产生极其严重的后果。日后，他们会一直遵守自己学到的和规定的东西，会不惜一切代价去适应，因为他们的行为可能产生的后果会像达摩克利斯之剑一样时刻充满危险地悬在他们头上。

这样一来，人们就无法实现生命的第三个要求：有勇气承担风险和面对改变，有勇气自我负责和自由做出决定。人们不能理智地自我控制和自我监督,而是过度去适应直到顺从,甚至到了懦弱、没有骨气的地步。人们也无法自由地选择和做出决定,而总是一味地按照给定的规范行事,只做大家都做的事,不问对错,以免偏离规范,陷入必须由自己做决定的内心矛盾中。

因此,一方面,孩子的行为会符合标准并且可靠;但另一方面,孩子也会缺乏自发性、冒险性和独创性,以及逃避承担责任和做出决定,这是强迫症患者的特点。任何事情只要与他所学到的"正确"的东西不一致,都会引发他的恐惧,或者至少是不安全感。因此,对他来说,如果世界上的一切都保持原样就好了。当他遇到新情况的时候,他却还没有学过应对新情况的方法,因此,他将不得不自己担责并做出决定。而为了避免良心冲突和内疚感，以及出于对惩罚的恐惧，他仍然卡在要去适应规则这一点上，僵化地遵守着他所学到的东西，并让已有的标准为自己做决定——对于那些把他当作一个永远顺从的工具的独裁者来说，他是一个值得感激的客体。只要忠于人们对他的期望，他就认为自己的所作所为是正确的，继续像个孩子一样毫无疑义地执行父母的意愿。他的恐惧经常以一种令人吃惊的方式反映了他的父母和教育者控制他的方法，只能绝对地服从父母和教育者，任何偏离他们指令的行为都会受到严厉的惩罚，没有弹性和原则可言。因此，他被培养成一个完美主义者，总是有一种应该和不得不做的感觉，不敢冒险，享受不到无拘无束的生活乐趣。对他而言，一切都成为义务和强制，他必须要确保自己和他人没有做任何未经

第9章 恐惧——爱的障碍

允许的事情。这样,他就变成了一个极其不能容忍那些以任何方式偏离规范的人,因为这会立刻让他感到恐惧,害怕有一天他也会偏离他的原则,从而失去保护他不再害怕的挡箭牌。无论是在信仰、道德还是习俗方面,他总是正统的、不容异说并死抠字眼,只有在一切都有明确规定的时候才会感到安全;与此相反的是,如果为孩子设定的限制太少,那么实际上根本就没有给予孩子教育。尽管这样的孩子不会有内疚和受到惩罚的恐惧,但由于太缺乏有效的秩序和指导,他们会害怕自己有可能任意妄为。过度自由和不受约束使人失去了方向,也不能让人免于恐惧。

敢于自己承担责任和做出决定,而且不是因为自己已经学过某些标准就不假思索地承担任何风险，能帮助强迫症患者消除恐惧。

在这个阶段之后，孩子就应脱离和父母的紧密联系，变得更加独立。现在他必须学会如何驾驭他新获得的独立能力。随着孩子发现两性的差异，有了与他人的竞争意识，新的恐惧在他心中觉醒，即对自己本质上存在局限性的恐惧，对必须与他人一起经受考验证明自己的恐惧，对未来需要满足的要求和期待的恐惧。

孩子在迈出发展新步伐的时候，需要有自己可以认同的榜样，尤其是需要自己未来性别角色的榜样。孩子通过对父母性别角色榜样的认同，逐渐为自己找到一个榜样，最终完成对自己的认同和健康的自我价值认同。此时，孩子想要体验自己是一个

第9章 恐惧——爱的障碍

值得爱的完整人格，也是一个性别存在。

此时，与早期发展阶段相比，孩子体验到自己是可爱的，并感到自己的爱对他人也有意义的愿望变得更个人化和整体化。此时，孩子将体验到自己没有价值、不可爱，并对此感到害怕，在这种自己不被接受的感觉基础上，便产生了对出丑、失败、无能和自卑的恐惧。这些恐惧会在他们今后的生活中继续延伸下去，比如，初上舞台的怯场、害怕考试和对投身于爱情或求爱的恐惧，以及与他人竞争的恐惧。因此，这里的核心恐惧是体验到自己没有价值，产生这种恐惧并不是因为未完成的要求或指令而被人否定，而是和整个自我价值相关，对自己的整个存在产生怀疑。这使得我们不难理解那些神经质性格的人的恐惧程度有多么强烈。

出于各种不同原因，他们一直未能成功地认同健康的父母性别角色榜样。与孩子成长初期的几个阶段相比，在这一时期，成熟的父母对孩子而言很重要，因为孩子在他们身上寻找需要的令人信服的榜样。对他来说，成为一位成年人一定很有吸引力；对他来说，熟悉成年人的世界一定是一项有价值并且诱人的任务。反之，如果孩子过去经历的世界是混乱的或是令他应接不暇的，如果他感觉不到自己被接受，如果他感觉到父母的不真实，或意识到父母有双重道德标准，不让孩子做一些事，但自己可以做，那么孩子会变得害怕迈出成熟的脚步，而孩子在这个阶段是应该迈出这一步的。然后，孩子可能不会认真对待他的父母，或者尽管孩子仍然认同他们，但他也没有在生活中可以借鉴的足够多的真实例子来明白该如何和这个世界打交道。于

第9章 恐惧——爱的障碍

是，孩子学会了在家扮演一个还过得去的、有一点担当的角色，但在外面的世界就不再是这样了。然后，他总是试图在新的角色中坚持自己，在没有坚实基础的情况下扮演他想成为的角色，这反而增加了他的恐惧，因为他的整个生存感最终是建立在不真实的基础上的，随时都可能导致灾难发生。

在这样的基础上，我们就无法实现生命的第四个要求：接受属于我们现实生活的必要性和规律性。出于对生活必要性和规律性的恐惧，或在其面前失败的恐惧，我们试图回避它们，制造一种所有东西相对无约束力和看似自由的假象，或者维持一个与自己愿望相符的虚幻世界，让身在其中的我们可以继续相信，愿望足以实现，而不需要为此做出任何特别的努力。

唯一可以帮助我们的就是找到对自己的认同。这将意味着放弃自己愿望中的角色，不再模仿童年时的榜样，放弃认同自己想象中的自我形象，而去真正认同自己，认同自己的本质存在、自我潜能和自身局限。因为回避现实，包括自己的现实，愿望的世界和现实之间就出现了一条鸿沟，并且鸿沟会越来越深，从而增加我们的恐惧。

对我们生存于世受到威胁的恐惧，对分离和失去的恐惧，对过错和惩罚的恐惧，以及对我们的自我价值和身份认同受到威胁的恐惧——这些都是恐惧的基本形式，是我们人类存在不可避免的一部分。在童年的发育期，我们所有人都对这些恐惧有过最初的体验。这些恐惧的强烈程度以及我们如何面对这些恐惧，与我们早期的童年经历密切相关。

根据我们成长发展中的缺失和受到的阻碍，我们将特别容易受到某些特定恐惧的影响，而对其他恐惧则不那么敏感。但与儿童相比，作为成年人，我们更有能力去克服和战胜恐惧：我们能够调动我们的认知和知识、希望和信心、勇气和承担责任的意愿、能力和真实性来对抗恐惧。而且我们可以在学习和实践的过程中，以一小步一小步的方式学会克服恐惧，直到我们变得足够强大，可以应对更大的恐惧。

对人类而言，生活中不可能没有恐惧。但恐惧不是只有抑郁和折磨人的一面，它也总是包含着让人成熟的驱动力，那就是敢于尝试新事物的勇气。面对恐惧，让我们对自己和世界有新的体验，让我们有机会战胜童年的恐惧。这样一来，恐惧可以成为新发展的动力,在我们看来,这也是令人欣慰的,尽管我们不能让它从世界上消失,但可以肯定的是,继续回避恐惧是无济于事的——它只会在我们体内更加强烈地积聚。

从这些思索中,我们能够学到的是:健康的教育可以让我们免除日后诸多的恐惧。这就是为什么父母和教育工作者应该更多地了解在孩子生命的最初几年哪些是绝对必要的,哪些行为、不作为或限制会引发孩子的恐惧,而这些恐惧原本是可以避免的。如果我们真的免除了这些能够避免的恐惧,那我们就已经取得了很大的成功。因为在健康的基础上,人类有力量应对其生存的恐惧。只有在我们的幼年时期出现严重障碍的情况下,才会出现后来那些让人不堪忍受的情形,以至于我们无法再靠自己的力量克服这些恐惧,

第9章 恐惧——爱的障碍

而需要治疗的帮助。因此，确切地知道恐惧其实与我们遇到的实际情况没有关系，而是源于我们的童年，对我们来说能起到一定的帮助作用。这样，恐惧就不再是那么荒谬和不可理解的，反而变得让人能更容易理解了。而这些知识或许可以给予我们勇气和信心，让我们能够应对恐惧，因为我们不再是当年那个面对恐惧茫然无助、任其摆布的孩子。在成长过程中，我们的力量和能力得到了发展，我们应用这些力量和能力，至少能逐渐放松和缓解恐惧给我们的身心带来的瘫痪感和压迫感。每一次克服恐惧都是一次小小的胜利，使我们变得更加强大。在通常情况下，只需要有意识对恐惧进行判断，就能更加清楚地看到我们所害怕的东西。如果我们出于害怕而回避恐惧，那么这些恐惧对我们而言会看起来比通常情况下更具有威胁性。

Die Fähigkeit zu lieben, 13. Auflage

ISBN: 978-3-497-02376-9

Copyright © 2017 by Ernst Reinhardt, GmbH & Co KG, Verlag, München

Authorized Translation of the Edition Published by Ernst Reinhardt Verlag. No part of this publication may be reproduced, stored in a retrieval system or transmitted in any form or by any means, electronic, mechanical photocopying, recording or otherwise without the prior permission of the publisher.

Simplified Chinese translation copyright © 2024 by China Renmin University Press Co., Ltd.

All rights reserved.

本书中文简体字版由 Ernst Reinhardt 出版公司通过中世汇桥版权代理（Zonesbridge Agency）授权中国人民大学出版社在全球范围内独家出版发行。未经出版者书面许可，不得以任何方式抄袭、复制或节录本书中的任何部分。

版权所有，侵权必究。

北京阅想时代文化发展有限责任公司为中国人民大学出版社有限公司下属的商业新知事业部，致力于经管类优秀出版物（外版书为主）的策划及出版，主要涉及经济管理、金融、投资理财、心理学、成功励志、生活等出版领域，下设"阅想·商业""阅想·财富""阅想·新知""阅想·心理""阅想·生活"以及"阅想·人文"等多条产品线，致力于为国内商业人士提供涵盖先进、前沿的管理理念和思想的专业类图书和趋势类图书，同时也为满足商业人士的内心诉求，打造一系列提倡心理和生活健康的心理学图书和生活管理类图书。

【阅想·发现系列】

面对未知与困难，总有人勇于反思，不断探索，甚至为此付出自己的一生。我们今天的所知，都得益于发现者的开创性贡献。阅想·发现系列将聚焦于讲述不同领域重大发现背后鲜为人知的故事，带你探究和理解科学背后的人性。更多新书即将出版，敬请期待。

《原生家庭：影响人一生的心理动力》

- 全面解析原生家庭的种种问题及其背后的成因，帮助读者学到更多"与自己和解"的智慧。
- 让我们自己和下一代能够拥有一个更加完美幸福的人生。
- 清华大学学生心理发展指导中心副主任刘丹、中国心理卫生协会家庭治疗学组组长陈向一、中国心理卫生协会精神分析专业委员会副主任委员曾奇峰、上海市精神卫生中心临床心理科主任医师陈珏联袂推荐。

《依恋效应：为什么我们总在关系中受挫》

- 你是哪种依恋风格？安全型、焦虑型，还是回避型、混乱型？ 11则真实故事分享，10项依恋功课，36道依恋风格测试，带你从根源上改变生活中糟糕的关系。
- 华中师范大学心理学教授、博导周宗奎，同济大学附属东方医院临床心理科主任医师孟馥联袂推荐。
- 作家、知名媒体人侯虹斌倾情推荐。